Zwickmühlensituationen im elementarpädagogischen Alltag

Kopiervorlagen mit Lösungsansätzen für sozialpädagogische Ausbildungsgänge

von
Yvonne Grüner
Petra Stolle

Verlag Handwerk und Technik GmbH – Hamburg

Die Autorinnen

Yvonne Grüner

Jahrgang 1974, Erzieherin, Diplom-Sozialpädagogin, Theaterpädagogin, Studienrätin

Nach der Ausbildung zur Erzieherin übernahm Yvonne Grüner mehrere Jahre die Gruppenleitung in einer Kindertagesstätte. Nach dem Studium zur Sozialpädagogin arbeitete sie 5 Jahre in einer Wohngruppe für Menschen mit Behinderung. Schließlich erfüllte sie sich mit dem Deutsch-Studium in Dortmund ihren Wunsch, Berufsschullehrerin zu werden und unterrichtet seit 2012 an der BBS Marienhain in Vechta die Fächer Deutsch, Pädagogik und Theaterpädagogik.

Petra Stolle

Jahrgang 1958, Kinderpflegerin, Diplom-Sozialpädagogin, Theater- und Tanzpädagogin, Berufsschullehrerin, Praxisbegleiterin

Petra Stolle arbeitete nach ihrer Ausbildung zur Kinderpflegerin in einem Kindererholungsheim auf Spiekeroog und in einem Kleinstheim in Bad Essen. Nach dem Studium zur Diplom-Sozialpädagogin war sie zunächst wieder in einem Kleinstheim tätig, gründete eine Pflegefamilie, ehe sie die Gruppenleitung in einem Kindergarten und dann die Gesamtleitung dessen übernahm. Seit 1998 unterrichtet Petra Stolle Pädagogik, Theaterpädagogik und begleitet die Praxis der Studierenden an der BBS Marienhain in Vechta.

ISBN 978-3-582-04716-8 Best.-Nr. 4716

Verlag Handwerk und Technik GmbH,
Lademannbogen 135, 22339 Hamburg; Postfach 63 05 00, 22331 Hamburg – 2022
E-Mail: info@handwerk-technik.de – Internet: www.handwerk-technik.de

Satz und Layout: Roman Bold & Black, 50672 Köln
Umschlagmotiv: Yvonne Grüner, 49377 Vechta
Illustrationen: Yvonne Grüner, 49377 Vechta
Portraits der Autorinnen: Yvonne Grüner und Petra Stolle, Vechta
Druck: Brüder Glöckler GmbH, 2752 Wöllerdorf (Österreich)

Vorwort/Hinweise zur Nutzung

Bevor es losgeht…
Zwickmühle: Eine „schwierige, verzwickte Lage, aus der es keinen Ausweg zu geben scheint", heißt es laut Duden. (Quelle: https://www.duden.de/rechtschreibung/Zwickmuehle)

Wie kam es zu der Idee des Buches?
Während unseres langjährigen Unterrichtsalltags berichteten Studierende häufig von Ereignissen aus der Praxis, bei denen sie „nicht weiterkamen". Diese Praxiserfahrungen führten zu interessanten Diskussionen, doch auch jedes Mal zu der Erkenntnis, dass es kein allgemeingültiges Rezept im sozialpädagogischen Alltag geben kann. Pädagogisches Handeln zieht immer unterschiedliche Konsequenzen nach sich, die es bereits im Vorfeld zu überblicken gilt, ehe eine Entscheidung getroffen wird. Das aber erfordert Erfahrung, Mut und Einfühlungsvermögen. Gerade in den ersten Jahren als Sozialassistent oder Sozialassistentin bzw. als Erzieher oder Erzieherin fehlt oft der Weitblick für das eigene pädagogische Handeln. Unser Wunsch ist es, mithilfe der in diesem Buch beschriebenen Situationen den Weitblick bei den Studierenden zu stärken. Es gibt immer mehrere Lösungsmöglichkeiten. Wichtig ist jedoch, die individuellen Bedürfnisse der beteiligten Personen zu berücksichtigen.

Wir möchten den Mut zum Handeln bei unseren Studierenden stärken, denn wenn sie immer wieder Fälle durchspielen und hierbei Erfahrungen sammeln, werden sie in der Praxis verantwortungsvoll handeln können.

Was legen wir vor?
In diesem Buch finden Sie unterschiedliche Situationen aus dem elementarpädagogischen Alltag vor, die unterschiedliche Möglichkeiten für Ihren Unterricht bieten: als Impuls in einer laufenden Lernsituation, zu Beginn oder zum Abschluss einer Unterrichtseinheit oder aber als Leistungsüberprüfung.

Worum geht es?
Es geht um pädagogische Zwickmühlensituationen, wie sie im Kita-Alltag vorkommen können.

Unsere Protagonisten sind stets pädagogische Mitarbeiter/-innen, die in scheinbar unlösbare Kontexte mit Kindern, Eltern, Kollegen* oder Arbeitsbedingungen geraten, und dadurch zum Handeln herausgefordert werden. Dabei dreht es sich immer um die Frage: Welche Konsequenzen hat mein Handeln, wenn ich einen bestimmten Weg auswähle, um die Zwickmühlensituation zu beenden?

Wie ist das Buch aufgebaut?
Das Buch enthält 18 Situationen zu unterschiedlichen Themen. Die jeweiligen Schwerpunkte jeder Situation sind im Inhaltsverzeichnis fett gedruckt. Sie können somit je nach Unterrichtsinhalt das zu bearbeitende Thema herausfiltern und die Situationen individuell einsetzen.

Der Aufbau des Buchs ist einfach und übersichtlich gestaltet: Zunächst werden die Situationen mit den entsprechenden Aufgaben als Kopiervorlage/digitale Arbeitsversion dargestellt, im Anschluss daran haben wir mögliche Lösungen formuliert, ohne hierbei den Anspruch auf Vollständigkeit erheben zu wollen. Wie im Leben allgemein, so existieren auch in pädagogischen Kontexten keine Standardrezepte für den Umgang mit Menschen. Haben Sie also den Mut und die Freude, sich neben unseren Lösungsvorschlägen mit den Studierenden auf den Weg zu machen, um eigene Ideen zu entwickeln und zu sammeln!

Falls Sie von einer Situation aus Ihren Unterricht weiterplanen möchten, so geben wir Ihnen hierfür Anregungen zur Gestaltung.

---

* Aufgrund der besseren Lesbarkeit verwenden wir in den Situationen abwechselnd die männliche und die weibliche Form; dies stellt keine Diskriminierung dar und spricht auch immer alle übrigen Geschlechter an. Wo immer möglich, wurde eine genderneutrale Formulierung gewählt.

Wie sind die einzelnen Situationen aufgebaut?
Im Sinne der vollständigen Handlung wird zunächst die Situation beschrieben, in der sich die pädagogische Mitarbeiterin/der pädagogische Mitarbeiter befindet. Diese endet mit der Zwickmühle und der indirekten Frage „Was ist jetzt zu tun?"

Die Studierenden beschäftigen sich nun damit, die Zwickmühle zu benennen, in der sich die Person befindet, um dann die unterschiedlichen Perspektiven der beteiligten „Mitspieler" zu analysieren.

Im Anschluss gilt es, eine individuelle Sichtweise auf die Situation zu formulieren, denn unsere eigene Erziehung sowie unsere Moral- und Normvorstellungen haben immer Einfluss auf unser Tun und sollten bewusst mit in die Überlegungen einbezogen werden.

Als nächsten Schritt spielen die Studierenden verschiedene Handlungsoptionen und deren Konsequenzen für die beteiligten Personen durch, um das Ausmaß des Handelns erfassen zu können.

Pädagogisches Handeln hat zwar auch immer etwas mit einem „Bauchgefühl" zu tun, doch die Grundlage des Handelns sollte das theoretische Wissen sein. Daher beschäftigen sich die Studierenden im Anschluss mit dem Fachwissen. Auf dieser Basis wird nun eine Handlungsoption gewählt und dieser Schritt fachlich begründet. Abschließend werden offengebliebene Fragen formuliert und Erkenntnisse zusammengefasst.

Und nun kann es losgehen!
Wir wünschen Ihnen viel Freude dabei, Wege aus den Zwickmühlen zu finden!
Yvonne Grüner & Petra Stolle

Inhaltsverzeichnis

Situation 1 – DIE GESPRENGTE ANGEBOTSDURCHFÜHRUNG

Marie ist Praktikantin im 2. Ausbildungsjahr zur Sozialassistentin. Heute bekommt sie einen Hospitationsbesuch von ihrem Praxislehrer, Herrn Berglund. Sie hat eine Bilderbuchbetrachtung geplant, zu der sie 6 Kinder im Alter zwischen 4 und 5 Jahren mitnimmt.

Marie ist gut vorbereitet, hat das Angebot mehrmals mit ihrer Mentorin besprochen und bereits mit einer anderen Kindergruppe durchgeführt. Marie konnte diese Gruppe für das Bilderbuch begeistern und ihre Ziele, u.a. die Sprachförderung, umsetzen. Dennoch ist sie nun sehr aufgeregt und hofft, dass das Angebot wieder so verläuft wie mit der letzten Gruppe.

Die Bilderbuchbetrachtung findet in einem Nebenraum statt. Für die Kinder ist dort ein Stuhlhalbkreis gestellt. Marie selbst sitzt auf einem Stuhl vor den Kindern. In dem Raum stehen außerdem ein Tisch, ein geschlossener Schrank und in einer Ecke liegen ein paar gestapelte Decken.

Die Kinder sind bei der Betrachtung der Bilderbuchseiten sehr aufmerksam, Marie freut sich darüber, dass es so gut läuft. Schließlich darf Magdalena (5;3 Jahre) die nächste Buchseite umblättern. Auf dieser Doppelseite ist eine riesige Höhle zu sehen, die die Kinder in der Geschichte mit Decken und Tischen selbst gebaut haben. Magdalena ruft aufgeregt: „Eine Höhle! Die ist aber groß!" Sie bleibt vorn bei Marie stehen und betrachtet versunken das Bild: „Die Kinder haben Decken genommen", erklärt sie.

„Wir können auch eine Höhle bauen!", schlägt ein anderes Kind begeistert vor. „Dahinten sind Decken!" Schon sind die Kinder aufgesprungen und zu den Decken gelaufen, die in der Ecke liegen.

Magdalena geht hinüber zu den Kindern, die bereits dabei sind, die erste Decke auszubreiten. Ein anderes Kind schiebt die Stühle an den Tisch heran: „Die Decken können wir da drauflegen."

Marie blickt überrascht und unsicher zwischen ihrem Bilderbuch, den Kindern und Herrn Berglund hin und her. Das Buch ist noch nicht zu Ende betrachtet.

1. Beschreiben Sie die Zwickmühlensituation, die hier für Marie vorliegt.
2. Analysieren Sie die Situation, indem Sie versuchen, die unterschiedlichen Perspektiven/Interessen der beteiligten Personen nachzuempfinden.
3. Beschreiben und begründen Sie, wie Sie selbst zu dieser Situation stehen.
4. Zeigen Sie mindestens 2 mögliche Handlungsoptionen für Marie und die daraus resultierenden Konsequenzen für alle beteiligten Personen auf.
5. Verknüpfen Sie die Situation mit Ihrem wissenschaftlichen Theoriewissen oder recherchieren hierzu. Notieren Sie die entsprechenden Quellen.
6. Wählen Sie eine pädagogische Handlungsoption und begründen Sie diese fachlich.
7. Fassen Sie Ihre Erkenntnisse zusammen und formulieren Sie noch offene Fragen.

1. Beschreiben Sie die Zwickmühlensituation, die hier für Marie vorliegt.

Marie ist sich unsicher, ob sie die Kinder bauen lassen oder die Bilderbuchbetrachtung weiter durchführen soll.

2. Analysieren Sie die Situation, indem Sie versuchen, die unterschiedlichen Perspektiven/Interessen der beteiligten Personen nachzuempfinden.

Marie: *Die Praktikantin hat heute einen Besuch von ihrem Lehrer und ist aufgeregt. Sie hat sich gut vorbereitet, das Angebot mit der Mentorin besprochen, es sogar vorher mit einer anderen Gruppe durchgeführt. Da ihr Angebot in der vorigen Gruppe so gut funktioniert hat, könnte sie davon ausgehen, dass sie auch jetzt ihre Ziele für die Bilderbuchbetrachtung verfolgen kann. Nun aber geschieht etwas Unerwartetes, das Marie sehr überrascht und mit dem sie nicht gerechnet hat: Die Kinder entwickeln eine Idee aus einem Impuls des Bilderbuchs heraus.*

Marie muss die Entscheidung treffen, ob die Kinder zurück zur Bilderbuchbetrachtung kommen sollen oder an ihrer Höhle weiterbauen können. Diese Entscheidung überfordert sie anscheinend, denn sie blickt unsicher zwischen den Kindern und Herrn Berglund hin und her.

Vielleicht findet sie die Idee der Kinder gut und traut sich nun nicht, die Bilderbuchbetrachtung anders verlaufen zu lassen, als sie im Vorfeld geplant war.

Möglicherweise denkt Marie, dass es von ihrem Lehrer negativ beurteilt werden könnte, dass das Angebot anders als geplant verläuft. Diese Gedanken könnten zusätzlichen Druck ausüben und sie noch mehr verunsichern.

Die Kinder: *Die Kinder orientieren sich von dem Bilderbuch weg und greifen eine Idee auf, die sie darin gefunden haben: Sie bauen eine Höhle. Damit folgen sie einem spontanen, bedürfnisorientierten Impuls. Die Kinder können die Gesamtsituation noch nicht überblicken und nicht einschätzen, was ihre plötzliche Idee und deren Umsetzung für Marie bedeutet.*

Sie sind begeistert von ihrer Höhlenidee und setzen diese motiviert um. Die Bilderbuchbetrachtung steht für die Kinder nicht mehr im Fokus.

Herr Berglund: *Das Ziel von Herrn Berglunds Besuch bei Marie ist es, ihren Ausbildungsstand zu beurteilen. Es bleibt offen, wie er die Situation einschätzt und bewerten wird.*

3. Beschreiben und begründen Sie, wie Sie selbst zu dieser Situation stehen.

Die Schüler/-innen beschreiben ihre eigene Einstellung, z. B.:

- *dass Marie an ihrem Plan festhalten und das Bauen unterbinden sollte, weil…*
- *dass Marie die Kinder weiterbauen lassen (und mitspielen) sollte, weil…*
- *dass Marie das Angebot komplett abbrechen sollte, weil…*
- *dass Marie ihren Lehrer fragen sollte, was sie nun tun soll, weil…*
- *(…)*

4. Zeigen Sie mindestens 2 mögliche Handlungsoptionen für Marie und die daraus resultierenden Konsequenzen für alle beteiligten Personen auf.

Handlungsmöglichkeit 1:

Marie hält an ihrer Planung fest und unterbindet das Bauen der Kinder. Sie wird die Kinder wahrscheinlich mit Nachdruck darum bitten müssen, das Bauen aufzugeben (oder aufzuschieben) und zurück in den Stuhlkreis zu kommen. Wahrscheinlich gibt es Protest seitens der Kinder und es wird ein wenig Zeit brauchen, bis sich alle wieder auf das Buch einlassen können.
Marie handelt so zwar einerseits nicht bedürfnisorientiert, die Kinder lernen andererseits aber abzuwarten und ihr Bedürfnis zu verschieben.
Für Marie bedeutet dieser Weg, dass es in ihrer Planung weitergehen kann. Vielleicht denkt sie, dass damit eine gute Note gesichert ist.

Handlungsmöglichkeit 2:

Marie lässt die Kinder weiterbauen und weicht von ihrer Planung ab. Sie geht dem Bedürfnis der Kinder nach und verlässt damit den sicheren Planungsweg. Hier gibt es nun mehrere Möglichkeiten:

a) Die Kinder bauen die Höhle weiter bis sie fertig ist und beginnen anschließend vielleicht, darin zu spielen. Die Bilderbuchbetrachtung wird nicht oder zu einem späteren Zeitpunkt fortgesetzt.

b) Die Kinder bauen die Höhle weiter bis sie fertig ist und Marie setzt mit den Kindern die Bilderbuchbetrachtung im Stuhlkreis fort.
c) Die Kinder bauen die Höhle weiter bis sie fertig ist und Marie setzt die Bilderbuchbetrachtung mit den Kindern in der Höhle fort.

Marie könnte in allen 3 Möglichkeiten mitspielen, mitbauen, Teil der Gruppe sein.

Da die Idee der Kinder umgesetzt wird, erfahren sie Maries Wertschätzung. Außerdem wird die Bildergeschichte zum Leben erweckt und die Kinder finden einen besseren/anderen Zugang zu ihr. Da Marie u. a. das Ziel der Sprachförderung in ihrer Bilderbuchbetrachtung verfolgt, kann sie dieses auch beim Höhlenbau umsetzen und die Kinder zum Sprechen anregen.

Handlungsmöglichkeit 3:

Da das Angebot nicht nach ihrem Plan verläuft und damit keinen Sinn mehr für sie macht, bricht Marie das Angebot komplett ab, bittet die Kinder aufzuräumen und in den Gruppenraum zu gehen. Für die Zukunft könnte das bedeuten, dass ihre Unsicherheit noch größer wird und die damit verbundene Sorge, dass etwas anders verläuft, als sie es sich ausgemalt hat. Spontane Ideen der Kinder könnte sie generell als „störend" empfinden, was erhebliche Auswirkungen auf ihren Umgang mit den Kindern und die Beziehungsgestaltung nach sich ziehen kann.

Für die Kinder könnte der Abbruch einerseits bedeuten, dass sie glauben, etwas falsch gemacht zuhaben, wenn ihre Ideen ohne Begründung abgeblockt werden. In Zukunft sind sie vielleicht zurückhaltender mit eigenen Ideen. Andererseits könnte es großen Protest der Kinder gegen den Abbruch des Angebots geben, denn sie befinden sich gerade im Spielprozess.

Name:	Klasse:	Datum:	2 von 4

5. Verknüpfen Sie die Situation mit Ihrem wissenschaftlichen Theoriewissen oder recherchieren hierzu. Notieren Sie die entsprechenden Quellen.

Mögliche theoretische Anbindung:

- *Bilderbuchbetrachtung*
- *Angebotsplanung/Umsetzung von Zielen*
- *Bedürfnisse von Kindern*
- *Erzieherrolle*
- *Bild vom Kind*
- *pädagogisches Handeln*

6. Wählen Sie eine pädagogische Handlungsoption und begründen Sie diese fachlich.

Die Schüler/-innen beschreiben die gewählte pädagogische Handlungsweise und begründen diese aufgrund ihrer möglichen theoretischen Anbindung. Eventuell nehmen sie Abstand von ihrer eigenen Einstellung zur Situation, da das professionelle Handeln in den Vordergrund gestellt wird.

7. Fassen Sie Ihre Erkenntnisse zusammen und formulieren Sie noch offene Fragen.

Mögliche Erkenntnisse:

- *Pädagogische Prozesse sind nicht von einer Gruppe auf eine andere Gruppe übertragbar.*
- *Kinder reagieren oft unerwartet und spontan.*
- *Spontanes Handeln ist in pädagogischen Prozessen immer wieder notwendig.*
- *Auch eine Planabweichung kann zielführend sein.*

Mögliche Fragen:

- *Würde Marie eine schlechte Note erhalten, wenn sie von ihrer Planung abweicht?*
- *Wie würde ich reagieren, wenn Unerwartetes passiert?*
- *Was mache ich, wenn die Kinder das Buch nicht mehr betrachten wollen und stattdessen lieber spielen möchten?*
- *Kann ich dafür sorgen, dass es keine Planabweichungen gibt?*
- *Verliere ich die Autorität/Kontrolle in der Situation, wenn ich den Kindern ihre Spontanität lasse?*
- *Ist Planung überhaupt notwendig, wenn Situationen spontan bewertet werden?*

Anregungen für die weitere Planung/Gestaltung des Unterrichts:

- *eigene Erfahrungen aus der Praxis austauschen und reflektieren*
- *Rollenspiel: Reflexionsgespräch Herr Berglund und Marie*
- *Interview mit Mentorin: Wie geht sie als erfahrene Fachkraft mit solchen Situationen um?*
- *flexibles Handeln anhand von Spielen (Improvisationstheater) üben*
- *Ein Bilderbuch auswählen und überlegen, welche Ideen die Kinder entwickeln könnten, um spontan zu anderen Themen/Spielen zu kommen. Diese Ideen selbst umsetzen und Freude an der Erweiterung entwickeln.*

Situation 2 – WIR WOLLEN NACH DRAUßEN

David (4;0 Jahre), Marie (5;0 Jahre) und Julius (5;0 Jahre) sind in der Piratengruppe der *Kita Waterkant* und spielen am liebsten draußen. Dort toben sie den gesamten Vormittag und können sich sehr gut allein beschäftigen. Ihre Spielideen sind kreativ und bewegungsfreudig. Die Beobachtungen der Erzieherinnen zeigen, dass sich die drei auf dem Spielplatz sehr wohlfühlen. Somit stehen sie jeden Morgen um Punkt 9 Uhr vor der Erzieherin, die gerade die Freispielleitung hat und melden an: „Wir gehen auf den Spielplatz!" Meistens erhalten sie die Erlaubnis.

Allerdings besagt eine Regel der *Kita Waterkant*, dass sich immer nur 3 Kinder aus jeder Gruppe allein auf dem Spielplatz aufhalten dürfen. Mittlerweile sind die anderen Kinder der Piratengruppe verärgert und sagen, dass sie auch mal an der Reihe seien. Dann bleiben David, Marie und Julius im Gruppenraum der Piraten. Dort aber verhalten sie sich laut, ärgern die übrigen Kinder und beschweren sich, dass ihnen langweilig sei und dass sie nichts anderes machen wollen, als draußen zu spielen. So bringen die drei die gesamte Gruppe in Unruhe und die anderen Kinder aus dem Spiel. Pädagogische Angebote sind für sie kein Anreiz und auch das Frühstück wird schnell erledigt.

Die Mitarbeitenden haben bereits versucht, David, Marie und Julius zu trennen und sie nur zu zweit nach draußen zu lassen. Doch auch das ist keine Lösung, weil das jeweils im Gruppenraum verbleibende Kind nicht ins Spiel kommt und die beiden Kinder draußen in regelmäßigen Abständen verlangen, dass sie zu dritt spielen wollen.

1. Beschreiben Sie die Zwickmühlensituation, die für die Erzieherinnen vorliegt.
2. Analysieren Sie die Situation, indem Sie versuchen, die unterschiedlichen Perspektiven/Interessen der beteiligten Personen nachzuempfinden.
3. Beschreiben und begründen Sie, wie Sie selbst zu dieser Situation stehen.
4. Zeigen Sie mindestens 2 mögliche Handlungsoptionen für die Erzieherinnen und die daraus resultierenden Konsequenzen für alle beteiligten Personen auf.
5. Verknüpfen Sie die Situation mit Ihrem wissenschaftlichen Theoriewissen oder recherchieren Sie hierzu. Notieren Sie die entsprechenden Quellen.
6. Wählen Sie eine pädagogische Handlungsoption und begründen Sie diese fachlich.
7. Fassen Sie Ihre Erkenntnisse zusammen und formulieren Sie noch offene Fragen.

1. Beschreiben Sie die Zwickmühlensituation, die für die Erzieherinnen vorliegt.

Die Zwickmühlensituation besteht darin, dass durch die Unzufriedenheit von David, Marie und Julius Unruhe entsteht, wenn sie im Gruppenraum bleiben sollen. Auf der anderen Seite werden aber die anderen Kinder benachteiligt, wenn die drei bevorzugt nach draußen dürfen.

2. Analysieren Sie die Situation, indem Sie versuchen, die unterschiedlichen Perspektiven/Interessen der beteiligten Personen nachzuempfinden.

Team der Piratengruppe: *Die Pädagogen wissen, dass es laut und unruhig in der Gruppe werden wird, wenn sie dem Wunsch der 3 Kinder nicht nachkommen. Andererseits wird ihnen sicherlich bewusst sein, dass es für die 3 Kinder kein Recht darauf geben kann, in jedem Fall nach draußen zu dürfen. Bisherige Lösungsversuche sind aber gescheitert und die Erzieherinnen geben nach, um Konflikten aus dem Weg zu gehen.*

Außerdem wird ihnen wahrscheinlich bewusst sein, dass sie die 3 Kinder in ihren Entwicklungsprozessen kaum noch wahrnehmen, wenn diese jeden Vormittag auf dem Spielplatz verbringen.

David, Marie und Julius: *Sie haben die Erfahrung gemacht, dass sie am liebsten draußen spielen und dort viele Spielideen haben, die ihnen im Gruppenraum fehlen. Vielleicht spüren sie, dass die Pädagogen im Grunde froh sind, wenn sie sich nicht im Gruppenraum befinden. Weil sie bisher häufig nach draußen durften, empfinden sie vielleicht das Recht darauf, draußen zu spielen.*

Die anderen Kinder der Piratengruppe: *Die anderen Kinder finden es unfair, dass David, Marie und Julius so häufig nach draußen dürfen. Sie fühlen sich benachteiligt und wünschen sich eine andere Regelung. Eventuell sind sie aber auch genervt davon, dass die drei stören, wenn sie im Gruppenraum sind.*

3. Beschreiben und begründen Sie, wie Sie selbst zu dieser Situation stehen.

Die Schüler/-innen beschreiben ihre eigene Einstellung, z. B.:

- *dass das pädagogische Personal eine Lösung finden sollte, weil…*
- *dass die drei lernen sollten, Langeweile auszuhalten, weil…*
- *„Wer zuerst kommt, mahlt zuerst!" Wenn die drei immer um Punkt 9 Uhr fragen, dann haben sie das Glück, zuerst gefragt zu haben.*
- *dass es unfair gegenüber den anderen Kindern ist, weil...*
- *(…)*

4. Zeigen Sie mindestens 2 mögliche Handlungsoptionen für die Erzieherinnen und die daraus resultierenden Konsequenzen für alle beteiligten Personen auf.

Handlungsmöglichkeit 1:

Die Situation bleibt, wie sie ist. David, Marie und Julius dürfen weiterhin ab 9 Uhr nach draußen gehen. Die anderen Kinder sind frustriert, eventuell wird es Diskussionen geben. Diese Konflikte werden aber von den pädagogischen Mitarbeitern immer wieder neu geklärt und ausgehalten.

Handlungsmöglichkeit 2:

Das pädagogische Personal entwirft eine Regel, z. B. nach einer Stunde wird gewechselt oder jeden 2. Tag ist eine andere Gruppe dran, nach draußen zu gehen oder die drei dürfen dann auf den Spielplatz, wenn keine andere Gruppe raus möchte etc. Die Konsequenzen wären, dass die anderen Kinder nicht mehr benachteiligt würden, es aber mehr Unruhe in der Gruppe geben könnte, da Julius, Marie und David immer mal wieder im Gruppenraum lernen müssten, sich auf neue Spielmöglichkeiten einzulassen.

Weitere Handlungsmöglichkeiten:

- *Es wird eine Kinderkonferenz einberufen und das Problem geschildert. Die Kinder besprechen die Lösungsmöglichkeiten.*
- *Es findet ein Gespräch mit David, Marie und Julius statt: Das Problem wird benannt und mit ihnen eine Lösungsmöglichkeit gefunden. Außerdem sollen sie darstellen, warum sie sich im Gruppenraum langweilen und erklären, was ihnen helfen würde, im Gruppenraum Spielmöglichkeiten zu finden.*

Sollte eine dieser Handlungsmöglichkeiten ausgewählt werden, würden die Kinder partizipieren und in den Prozess der Lösungsfindung einbezogen werden. Sie fühlen sich ernst genommen und gehört, die Kommunikation untereinander wird gefördert und es werden demokratische Prozesse geübt. Da sie selbst eine Lösung gefunden haben, ist die Wahrscheinlichkeit groß, diese auch akzeptieren zu können.

(…)

Name: | Klasse: | Datum: | 2 von 4

5. Verknüpfen Sie die Situation mit Ihrem wissenschaftlichen Theoriewissen oder recherchieren hierzu. Notieren Sie die entsprechenden Quellen.

Mögliche theoretische Anbindung:

- *Freispielführung*
- *pädagogisches Handeln*
- *Bedürfnisse*
- *Bewegungserziehung*
- *Regelverständnis*
- *Konfliktfähigkeit*
- *Kommunikation*
- *Sozialkompetenz*
- *Kinderkonferenz/demokratisches Verständnis/Partizipation*

6. Wählen Sie eine pädagogische Handlungsoption und begründen Sie diese fachlich.

Die Schüler/-innen beschreiben die gewählte pädagogische Handlungsweise und begründen diese aufgrund ihrer möglichen theoretischen Anbindung. Eventuell nehmen sie Abstand von ihrer eigenen Einstellung zur Situation, da das professionelle Handeln in den Vordergrund gestellt wird.

Name: | Klasse: | Datum: | 3 von 4

7. Fassen Sie Ihre Erkenntnisse zusammen und formulieren Sie noch offene Fragen.

Mögliche Erkenntnisse:

- *Als pädagogische Fachkraft ist es meine Aufgabe, (mit den Kindern) für Gleichberechtigung und demokratisches Handeln zu sorgen, auch wenn zunächst Unstimmigkeiten entstehen.*
- *Konfliktvermeidung führt nur zu kurzfristigen Lösungen.*
- *(…)*

Mögliche Fragen:

- *Wie kann ich Kinder pädagogisch sinnvoll dabei begleiten, ins Spiel zu finden?*
- *Wie wäre mein Umgang mit Unruhe in der Gruppe?*
- *Sind Kinderkonferenzen in jeder Gruppe möglich?*
- *Wie gestaltet sich eine Kinderkonferenz?*
- *(…)*

Anregungen für die weitere Planung/Gestaltung des Unterrichts:

- *Austausch über eigene Praxiserfahrungen und den Umgang mit „Draußenregeln“*
- *Methoden sammeln, um David, Marie und Julius dabei zu unterstützen, im Gruppenraum ins Spiel zu finden*
- *Ideen sammeln, um auch im Gruppenraum Bewegung möglich zu machen*
- *eine Kinderkonferenz gestalten*

Situation 3 – IN DER KITA SPRECHEN WIR DEUTSCH!

Adil und Soraya (4;6 und 5;2 Jahre) unterhalten sich in ihrer usbekischen Muttersprache über ein Bilderbuch, das zwischen ihnen auf dem Lesesofa liegt. Sie lachen dabei und zeigen vergnügt auf das eine oder andere Bild. Lea (5;0 Jahre) setzt sich auf die Sofakante und sieht den beiden zu. Dann sagt sie: „Ihr müsst Deutsch sprechen!" Adil und Soraya verstummen. Die Praktikantin Katharina, die die Situation beobachtet hat, pflichtet Lea bei: „Stimmt, Lea. Da hast du recht. Adil, Soraya, ihr sollt euch auf Deutsch unterhalten, damit ihr die Sprache weiter lernt. Usbekisch könnt ihr zu Hause sprechen."

In den nächsten Tagen beobachtet Katharina die beiden Kinder. Sobald Adil und Soraya zusammen sind, sprechen sie in ihrer Muttersprache und sind dabei freudig und vergnügt. Werden sie aufgefordert, Deutsch zu sprechen, halten sie sich zurück, kommunizieren kaum noch verbal und scheinen bedrückt. Katharina ist sich unsicher, ob sie die Kinder weiterhin darauf aufmerksam machen soll, Deutsch zu sprechen.

Die beiden Kinder sind seit 3 Monaten in Deutschland.

1. Beschreiben Sie die Zwickmühlensituation, die hier für Katharina vorliegt.
2. Analysieren Sie die Situation, indem Sie versuchen, die unterschiedlichen Perspektiven/Interessen der beteiligten Personen nachzuempfinden.
3. Beschreiben und begründen Sie, wie Sie selbst zu dieser Situation stehen.
4. Zeigen Sie mindestens 2 mögliche Handlungsoptionen für Katharina und die daraus resultierenden Konsequenzen für alle beteiligten Personen auf.
5. Verknüpfen Sie die Situation mit Ihrem wissenschaftlichen Theoriewissen oder recherchieren hierzu. Notieren Sie die entsprechenden Quellen.
6. Wählen Sie eine pädagogische Handlungsoption und begründen Sie diese fachlich.
7. Fassen Sie Ihre Erkenntnisse zusammen und formulieren Sie noch offene Fragen.

1. Beschreiben Sie die Zwickmühlensituation, die hier für Katharina vorliegt.

Die Zwickmühle besteht darin, dass Katharina einerseits denkt, sie muss Adil und Soraya darauf aufmerksam machen, Deutsch zu sprechen damit sie die deutsche Sprache erlernen. Andererseits aber beobachtet sie, dass die Kinder quasi „verstummen", wenn sie in der ihnen noch fremden Sprache sprechen sollen. In ihrer eigenen Sprache unterhalten sie sich lebendig und freudig.

2. Analysieren Sie die Situation, indem Sie versuchen, die unterschiedlichen Perspektiven/Interessen der beteiligten Personen nachzuempfinden.

Adil und Soraya: *Die beiden Kinder sind mit der usbekischen Sprache aufgewachsen und vertraut. Es ist also naheliegend, dass sie sich in dieser Sprache unterhalten und sich dabei wohlfühlen, auch wenn sie nun in Deutschland leben. Sie sind dabei, die deutsche Sprache zu erlernen, was eine große Herausforderung für sie bedeutet und Unsicherheiten nach sich zieht. Da sie sich auf Deutsch (noch) nicht verständigen können, verstummen sie. Die Ursache liegt vielleicht darin, dass sie die deutsche Sprache noch nicht vollständig verstehen und ihnen der Wortschatz fehlt, oder dass sie Sorge haben, Fehler zu machen bzw. nicht verstanden zu werden.*

Eventuell werden sie sich in Zukunft nicht mehr trauen, sich unbeschwert auf Usbekisch zu unterhalten oder ihre Muttersprache nur noch heimlich verwenden. Wenn das Thema „Sprache" bzw. „Deutsch lernen" immer wieder im Vordergrund steht, könnten die Kinder damit negative Assoziationen verbinden und ihnen der Start in die deutsche Sprache erschwert werden. Vielleicht entwickeln sie irgendwann eine Unlust, in den Kindergarten zu gehen.

Katharina: *Sie möchte, dass die Kinder Deutsch lernen, um sich mit anderen Kindern und dem Pädagogenteam austauschen zu können – sie hat somit im Grunde das Beste für die beiden im Sinn. Dennoch handelt sie hier falsch, ohne es zu wissen. (Das Sprechen der Muttersprache sollte bei Kindern mit Deutsch als Zweitsprache nicht unterbunden werden.)*

Katharina geht davon aus, dass das Erlernen einer Sprache dadurch passiert, dass sie aktiv gesprochen wird. Dennoch verspürt sie Unsicherheit in ihrem Handeln, denn sie beobachtet, dass die Sprechfreude der beiden Kinder in ihrer Muttersprache größer ist als in der neuen Sprache.

Lea: *Das Mädchen gibt das wieder, was sie denkt und eventuell an anderer Stelle mitbekommen hat. Sie setzt ihre Aussage als Regel ein. Da sie von der Praktikantin gelobt wird, fühlt sie sich in ihrem Handeln bestärkt. Somit wird sie wahrscheinlich weiterhin die beiden darauf aufmerksam machen, die deutsche Sprache zu verwenden.*

3. Beschreiben und begründen Sie, wie Sie selbst zu dieser Situation stehen.

Die Schüler/-innen beschreiben ihre eigene Einstellung, z. B.:

- *dass die Praktikantin richtig handelt, weil…*
- *dass die beiden Kinder sich in ihrer Muttersprache unterhalten sollten, weil…*
- *dass Lea vorlaut/vorschnell handelt, weil…*
- *dass es Regeln geben sollte, welche Sprache in der Kita gesprochen wird, weil…*
- *dass die beiden Kinder nicht in einer Gruppe sein sollten, weil…*
- *(…)*

4. Zeigen Sie mindestens 2 mögliche Handlungsoptionen für Katharina und die daraus resultierenden Konsequenzen für alle beteiligten Personen auf.

Handlungsmöglichkeit 1:

Adil und Soraya werden weiterhin dazu „verpflichtet", sich auf Deutsch zu unterhalten. Dass sie sich dadurch zurücknehmen und dies weitgehende Konsequenzen nach sich ziehen könnte, wird dabei in Kauf genommen.

Andererseits könnte es auch sein, dass die Kinder dadurch tatsächlich schneller die deutsche Sprache erlernen. Ob dies dann allerdings mit Freude geschieht, bleibt offen.

Katharina und Lea werden weiterhin annehmen, dass es richtig war, die beiden zu korrigieren.

Handlungsmöglichkeit 2:

Katharina wird darauf aufmerksam gemacht, dass sie hier einen fachlichen Fehler begangen hat und eine fremde Sprache anders gelernt wird, als sie annimmt. Adil und Soraya tauschen sich weiterhin in ihrer Muttersprache aus, wenn sie zusammen sind, werden aber zunehmend durch den Kontakt mit anderen Kindern und dem Pädagogenteam Deutsch lernen und sprechen. Sie gehen dabei in ihrem eigenen Tempo vor. Sie könnten durch alltagsintegrierte Angebote Unterstützung erhalten, ohne dass sie dabei bedrängt werden.

Lea sollte erklärt werden, dass Adil und Soraya die deutsche Sprache erst erlernen und es ihnen deshalb leichter fällt, sich untereinander noch in ihrer Muttersprache zu unterhalten. Die übrigen Kinder könnten Ideen entwickeln, die beiden beim Lernen zu unterstützen. Eventuell könnten aber auch Adil und Soraya Begriffe aus ihrer Sprache der Gruppe vermitteln.

5. Verknüpfen Sie die Situation mit Ihrem wissenschaftlichen Theoriewissen oder recherchieren hierzu. Notieren Sie die entsprechenden Quellen.

Mögliche theoretische Anbindung:

- *Deutsch als Fremdsprache/Deutsch als Zweitsprache*
- *interkulturelle Erziehung*
- *alltagsintegrierte Sprachangebote*

6. Wählen Sie eine pädagogische Handlungsoption und begründen Sie diese fachlich.

Die Schüler/-innen beschreiben die gewählte pädagogische Handlungsweise und begründen diese aufgrund ihrer möglichen theoretischen Anbindung. Eventuell nehmen sie Abstand von ihrer eigenen Einstellung zur Situation, da das professionelle Handeln in den Vordergrund gestellt wird.

7. Fassen Sie Ihre Erkenntnisse zusammen und formulieren Sie noch offene Fragen.

Mögliche Erkenntnisse:

- *vertiefendes Verständnis für DaF/DaZ*
- *Wohlbefinden und das Erlernen einer neuen Sprache gehören zusammen.*
- *Auswirkungen von pädagogischem Handeln im Bereich Sprache*
- *(...)*

Mögliche Fragen:

- *Wie kann Unterstützung beim Erlernen einer Sprache konkret aussehen?*
- *Kann ich Fehler machen, wenn ich Kinder hierbei unterstützen möchte?*
- *(...)*

Anregungen für die weitere Planung/Gestaltung des Unterrichts:

- *Die Schüler/-innen mit Deutsch als Zweitsprache berichten, wie sie selbst die Sprache erlernt haben und welche Erfahrungen sie dabei machen konnten.*
- *Die Schüler/-innen berichten von Erfahrungen im Praktikum.*
- *Die Schüler/-innen tauschen sich darüber aus, aus welchen Herkunftsländern die Kinder in ihrem Praktikum stammen/stammten und recherchieren hierzu. Inwieweit unterstützt dieses Wissen die Kinder beim Erlernen der Sprache?*
- *eigene Einstellung zur interkulturellen Arbeit hinterfragen*
- *Fortführung der Theorie: Wie wird eine fremde Sprache erlernt?*
- *alltagsintegrierte Sprachförderung: Die Schüler/-innen sammeln Ideen und stellen diese vor.*

Situation 4 – PAULS KINDERGARTENEINSTIEG

Paul (5 Jahre) geht seit 3 Wochen in den Kindergarten. Seine Familie ist neu in die Stadt gezogen, Paul besuchte vorher keine sozialpädagogische Einrichtung. Seit Beginn der Kindergartenzeit ist Pauls Platz im Gruppenraum unter einem Spieltisch. Dorthin zog er sich am ersten Tag zurück, seitdem sucht er jeden Morgen dieses Versteck auf und blickt in die Gruppe. Er verlässt seinen Platz erst dann blitzartig, sobald seine Mutter oder sein Vater in der Tür steht. Gutes Zureden, Spieleinladungen seitens des pädagogischen Teams, aber auch der Kinder, haben ihn nicht hervorlocken können.

Die Eltern sagen, dass Paul sich zu Hause vollkommen normal verhalte und auch von sich aus in den Kindergarten gehen wolle. Sie glauben, dass Paul irgendwann mit diesem Verhalten aufhören wird: „Ist doch nicht schlimm. Das wird schon."

Wenn die Gruppe auf den Spielplatz geht, bleibt Paul drinnen. Er nimmt an keinen Angeboten teil, will auch keine Spiele allein spielen, isst und trinkt nichts und geht auch nicht zur Toilette. Wenn sich ein Kind zu ihm setzt, lässt er dies zu, tritt aber nicht in Kontakt. Er wirkt nicht unglücklich oder traurig, aber das pädagogische Team macht sich langsam Sorgen.

1. Beschreiben Sie die Zwickmühlensituation, die hier für das pädagogische Team vorliegt.
2. Analysieren Sie die Situation, indem Sie versuchen, die unterschiedlichen Perspektiven/Interessen der beteiligten Personen nachzuempfinden.
3. Beschreiben und begründen Sie, wie Sie selbst zu dieser Situation stehen.
4. Zeigen Sie mindestens 2 mögliche Handlungsoptionen für das Team und die daraus resultierenden Konsequenzen für alle beteiligten Personen auf.
5. Verknüpfen Sie die Situation mit Ihrem wissenschaftlichen Theoriewissen oder recherchieren hierzu. Notieren Sie die entsprechenden Quellen.
6. Wählen Sie eine pädagogische Handlungsoption und begründen Sie diese fachlich.
7. Fassen Sie Ihre Erkenntnisse zusammen und formulieren Sie noch offene Fragen.

1. Beschreiben Sie die Zwickmühlensituation, die für das pädagogische Team vorliegt.

Die Zwickmühle besteht in der Unsicherheit des Teams, wie auf Pauls Verhalten reagiert werden sollte: Sollten sie ihn unter dem Tisch sitzen lassen oder ihn zum Hervorkommen „zwingen"?

2. Analysieren Sie die Situation, indem Sie versuchen, die unterschiedlichen Perspektiven/Interessen der beteiligten Personen nachzuempfinden.

Paul: *Der Junge geht seit 3 Wochen in die Gruppe und hat zuvor noch keinen Kindergarten besucht. Diese Situation scheint somit für ihn neu zu sein. Vielleicht sucht er sich einen sicheren Platz unter dem Tisch, um die vielen Kinder und Erwachsenen aus einem Versteck heraus beobachten zu können. Eventuell ist er momentan noch nicht in der Lage dazu, auf die Angebote einzugehen. Auch weitere Bedürfnisse (essen/trinken/Toilettengänge) stellt er noch zugunsten seines Rückzugsorts in den Hintergrund. Anscheinend fühlt er sich aber nicht unwohl, denn er geht jeden Morgen in den Kindergarten – oder er will/kann nicht äußern, dass er nicht in den Kindergarten gehen möchte. Andere Kinder dürfen sich zu ihm setzen, ohne dass er mit ihnen spielt.*

Das pädagogische Team: *Aufgrund der Dauer von Pauls Verhalten ist das pädagogische Team verunsichert. Die Kontaktaufnahmeversuche seitens der Erzieher sind scheinbar gescheitert, denn er zeigt zumindest keine offensichtliche Reaktion darauf.*

Die Eltern sehen Pauls Verhalten nicht als besorgniserregend an, somit fühlt sich das Team eventuell alleingelassen mit der Situation und dem Wunsch, das Kind unterstützen zu wollen und in die Gruppe zu integrieren.

Eltern von Paul: *Die Eltern sehen die Problematik der Situation nicht und glauben, dass Paul irgendwann sein Versteck unter dem Tisch verlassen wird. Aus diesem Grund distanzieren sie sich von den Bedenken des pädagogischen Teams.*

Die anderen Kinder der Gruppe: *Die Kinder nehmen Paul wahr und haben versucht, mit ihm Kontakt aufzunehmen. In der Situation ist ihr weiteres Verhalten nicht bekannt, doch es ist anzunehmen, dass sie irgendwann Pauls Verhalten als für ihn normal erachten und dieses nicht weiter hinterfragen.*

3. Beschreiben und begründen Sie, wie Sie selbst zu dieser Situation stehen.

Die Schüler/-innen beschreiben und begründen ihre eigene Einstellung zur Situation, z. B.:

- *dass die Ratlosigkeit des pädagogischen Teams nachvollziehbar ist, weil…*
- *dass die Ratlosigkeit des pädagogischen Teams nicht nachvollziehbar ist, weil…*
- *dass dem Wunsch, Paul in die Gruppe zu integrieren, konsequenter nachgegangen werden sollte (ihn „zwingen“ am Gruppenleben teilzunehmen), weil…*
- *dass man Paul Zeit lassen sollte, weil…*
- *dass die Eltern verstehen sollten, dass Pauls Verhalten besonders ist, weil…*
- *(…)*

4. Zeigen Sie mindestens 2 mögliche Handlungsoptionen für das Team und die daraus resultierenden Konsequenzen für alle beteiligten Personen auf.

Handlungsmöglichkeit 1:

Eventuell braucht Paul mehr Zeit als andere Kinder. Es ist für ihn sehr klar, wo sein Platz in der Gruppe ist und wie er sich in der Gruppe verhalten will. Vielleicht ändert er seine Meinung im Laufe der nächsten Wochen und wird auch dann sehr genau bestimmen können, was er will. Das was er braucht, ist ein geduldiges Verhalten seitens des pädagogischen Teams und der Kinder. Außerdem sollten ihm in regelmäßigen, aber nicht zu häufigen Abständen Kommunikations- und Spielangebote gemacht werden. Auch Rituale könnten ihm helfen, z. B. dass sich eine Person jeden Morgen für 10 Minuten zu ihm setzt. Rituale vermitteln Sicherheit in Form von einschätzbarem Handeln, sodass Paul entsprechend agieren kann.

Insgesamt gesehen würde Paul so in seinem eigenen Tempo die Gruppe kennenlernen können und sich an diese gewöhnen.

Handlungsmöglichkeit 2:

Das pädagogische Team beschließt, dass Paul sich nun lange genug zurückgezogen hat. Es besteht darauf, dass Paul (zumindest zu gemeinsamen Aktivitäten) sein Versteck verlässt und z. B. am Stuhlkreis teilnimmt. Wie sich Pauls Verhalten dann entwickelt, bleibt abzuwarten. Niemand weiß, wie er auf ein gewaltsames Hervorholen reagieren wird. Wird er weinen? Aggressiv sein? Stumm bleiben? Das pädagogische Personal würde außerdem sehr fragwürdig handeln. Eventuell hätte dies die Konsequenz, dass Paul den Kindergartenbesuch verweigert.

Handlungsmöglichkeit 3:

Da die Eltern keinen Handlungsbedarf sehen, das Team sich aber Sorgen macht, könnte eine Beratung in Betracht gezogen werden (Teamsitzung, Fachberatung, Supervision etc.). Die Konsequenz wäre, dass sich das Team eventuell sicherer in seinem weiteren pädagogischen Handeln fühlen würde, wenn es Unterstützung von außen bekommt.

Handlungsmöglichkeit 4:

Das Team beschließt, die Eltern doch noch einmal auf die Situation aufmerksam zu machen. Ein Elterngespräch mit der Formulierung eines Unterstützungswunschs (z. B., dass die Eltern morgens eine halbe Stunde in der Gruppe bleiben) könnte anstehen. Auch ein Hausbesuch bei Paul wäre möglich. Vielleicht würde dadurch die Vertrauensbasis gestärkt.

(…)

Name: | Klasse: | Datum: | 2 von 4

5. Verknüpfen Sie die Situation mit Ihrem wissenschaftlichen Theoriewissen oder recherchieren hierzu. Notieren Sie die entsprechenden Quellen.

Mögliche theoretische Anbindung:

- *Eingewöhnungsmodelle*
- *Beziehungsaufbau*
- *Erziehungs- und Bildungspartnerschaft*
- *kollegiale Beratung/Fachberatung*
- *Bild vom Kind*

6. Wählen Sie eine pädagogische Handlungsoption und begründen Sie diese fachlich.

Die Schüler/-innen beschreiben die gewählte pädagogische Handlungsweise und begründen diese aufgrund ihrer möglichen theoretischen Anbindung. Eventuell nehmen sie Abstand von ihrer eigenen Einstellung zur Situation, da das professionelle Handeln in den Vordergrund gestellt wird.

Name: | Klasse: | Datum: | 3 von 4

7. Fassen Sie Ihre Erkenntnisse zusammen und formulieren Sie noch offene Fragen.

Mögliche Erkenntnisse:

- *Jede Eingewöhnung ist ein individueller Prozess.*
- *Eltern und pädagogisches Personal können dieselbe Situation unterschiedlich bewerten.*
- *(…)*

Mögliche Fragen:

- *Kann ich es aushalten, dass ein Kind alle Kontaktversuche ausschlägt?*
- *Was löst es in mir aus, dass Eltern die Situation anders betrachten als ich?*
- *Warum lässt Paul es zu, dass sich ein Kind zu ihm setzt?*
- *(…)*

Anregungen für die weitere Planung/Gestaltung des Unterrichts:

- *Rollenspielvorschlag „Alter Ego“: Paul wird von einer Person dargestellt. Eine weitere Person setzt sich hinter Paul und formuliert seine möglichen Gedanken, während er auf seinem Platz unter dem Tisch verweilt.*
- *Rollenspiel gestalten, in dem Pauls Eltern und das pädagogische Team miteinander kommunizieren*
- *Meinungsbild der Klasse bezüglich individueller Eingewöhnungsprozesse abfragen und darüber diskutieren*
- *Eingewöhnungsmodelle ansehen und diese bezüglich der individuellen Gestaltungsmöglichkeiten hinterfragen*
- *Diskussion: Handelt es sich bei Paul um ein auffälliges Verhalten? Ab wann würde sein Verhalten entsprechend eingeordnet werden?*
- *eine Beratungssituation gestalten (z. B. Teamsitzung)*
- *sich über Beratungsstellen informieren*

Name:	Klasse:	Datum:	4 von 4

Situation 5 – WIR ZIEHEN ALLE AN EINEM STRANG

Das pädagogische Team der *Waschbären*-Gruppe hat beschlossen, zum Ende des Kindergartenjahres einen Ausflug zu einem Bauernhof zu machen und dort den ganzen Tag zu verbringen. Als die Kolleginnen und Kollegen der *Hasen*- und der *Panda*-Gruppe davon hören, sind sie entsetzt. Sie haben sich gegen einen Ausflug entschieden, weil sie das Kindergartenjahr bisher als sehr herausfordernd erlebt haben und ihnen der Aufwand zu groß erscheint.

In der Teamsitzung bemängeln sie: „Wenn ihr jetzt den Ausflug macht, dann meckern unsere Eltern!" Susanne, die Gruppenleiterin der *Waschbären,* erwidert: „Uns ist der Ausflug aber wichtig! Die Eltern und die Kinder haben dieses Jahr so viel Engagement gezeigt und wir möchten das mit einem gemeinsamen Abschluss würdigen und einen schönen Tag verbringen."

1. Beschreiben Sie die Zwickmühlensituation, die hier für das Gesamtteam vorliegt.
2. Analysieren Sie die Situation, indem Sie versuchen, die unterschiedlichen Perspektiven/Interessen der beteiligten Personen nachzuempfinden.
3. Beschreiben und begründen Sie, wie Sie selbst zu dieser Situation stehen.
4. Zeigen Sie mindestens 2 mögliche Handlungsoptionen für das pädagogische Team der *Waschbären* und die daraus resultierenden Konsequenzen für alle beteiligten Personen auf.
5. Verknüpfen Sie die Situation mit Ihrem wissenschaftlichen Theoriewissen oder recherchieren hierzu. Notieren Sie die entsprechenden Quellen.
6. Wählen Sie eine pädagogische Handlungsoption und begründen Sie diese fachlich.
7. Fassen Sie Ihre Erkenntnisse zusammen und formulieren Sie noch offene Fragen.

1. Beschreiben Sie die Zwickmühlensituation, die hier für das Gesamtteam vorliegt.

Die Zwickmühle besteht darin, dass alle Teammitglieder erwarten, dass aufeinander Rücksicht genommen wird.

2. Analysieren Sie die Situation, indem Sie versuchen, die unterschiedlichen Perspektiven/Interessen der beteiligten Personen nachzuempfinden.

Mitarbeiter der* Waschbären-Gruppe*: *Sie möchten den Ausflug stattfinden lassen. Dies ist ihnen wichtig, um die Zusammenarbeit der Eltern, Kinder und Mitarbeitenden zu würdigen. Sie erwarten von den anderen Gruppen Verständnis für ihr Handeln.*

Mitarbeiter der* Hasen- *und* Panda-Gruppe*: *Sie haben Sorge, dass noch mehr Arbeit auf sie zukommt und sie diese nicht bewältigen können (oder wollen). Außerdem befürchten sie, dass die Eltern/Kinder ihrer jeweiligen Gruppe eine Erwartungshaltung aufbauen, wenn sie von dem Vorhaben der* Waschbären *erfahren. Es ist möglich, dass ein Konflikt zwischen den Eltern und den pädagogischen Teams der* Hasen *und* Pandas *entsteht. Es wird kollegiales Verhalten von dem anderen Team erwartet, indem der Ausflug nicht stattfindet.*

Eltern und Kinder der* Waschbären-Gruppe*: *Sie würden ein Dankeschön für das vergangene Jahr in Form eines gemeinsamen Tages erhalten (oder nicht). Eventuell würden einige Kinder und Eltern den Ausflug als Privileg empfinden.*

Eltern und Kinder der anderen Gruppen: *Sie würden eventuell nicht verstehen, warum die* Waschbären *diesen Ausflug durchführen und enttäuscht/verärgert sein.*

Auf der anderen Seite ist es natürlich auch möglich, dass viele Eltern der Hasen *und* Pandas *erleichtert sind, nicht noch einen zusätzlichen Termin zu haben.*

Name: | Klasse: | Datum: | 1 von 4

3. Beschreiben und begründen Sie, wie Sie selbst zu dieser Situation stehen.

Die Schüler/-innen beschreiben ihre eigene Einstellung, z. B.:

- *dass individuelles Handeln verschiedener Teams möglich sein sollte, weil…*
- *dass alle Teams an einem Strang ziehen sollten, weil…*
- *dass möglichst Konflikte vermieden werden sollten, weil…*
- *(…)*

4. Zeigen Sie mindestens 2 mögliche Handlungsoptionen für das Team der *Waschbären* und die daraus resultierenden Konsequenzen für alle beteiligten Personen auf.

Handlungsmöglichkeit 1:

Die Waschbären *lassen den Ausflug nicht stattfinden. Mögliche Konsequenzen wären, dass das Engagement der Kinder und Eltern nicht gewürdigt würde und dies eventuell Auswirkungen auf die zukünftige Zusammenarbeit zwischen Eltern, Kindern und Erziehern haben könnte.*

Durch ein Absagen des Ausflugs würden die Mitglieder der anderen Teams nicht in Zugzwang geraten. Ein Gefühl der Erleichterung könnte erfolgen. Auf der anderen Seite könnte aber das Team der Waschbären *auch verärgert oder enttäuscht sein, weil die Kollegen den Ausflug nicht unterstützt haben.*

Handlungsmöglichkeit 2:

Die Waschbären *lassen den Ausflug stattfinden, was positive Auswirkungen auf die weitere Zusammenarbeit zwischen Eltern, Kindern und Erzieher/-innen der* Waschbären *haben könnte.*

Die Teammitglieder der anderen Gruppen müssten sich damit auseinandersetzen, wie sie mit der Entscheidung umgehen wollen.

Eventuelle Folgen für die Teamatmosphäre: Die Mitarbeitenden der anderen Gruppen könnten verärgert/enttäuscht sein.

Handlungsmöglichkeit 3:

Es wird ein Kompromiss gefunden: Es findet kein Ausflug statt, sondern stattdessen eine andere Form der Danksagung, an der sich die anderen Gruppen beteiligen können.

5. Verknüpfen Sie die Situation mit Ihrem wissenschaftlichen Theoriewissen oder recherchieren hierzu. Notieren Sie die entsprechenden Quellen.

Mögliche theoretische Anbindung:

- *kollegiales Verhalten*
- *Teamarbeit*
- *Bildungs- und Erziehungspartnerschaften*
- *Kommunikation*
- *Konfliktbewältigung*
- *Konzeption*

6. Wählen Sie eine pädagogische Handlungsoption und begründen Sie diese fachlich.

Die Schüler/-innen beschreiben die gewählte pädagogische Handlungsweise und begründen diese aufgrund ihrer möglichen theoretischen Anbindung. Eventuell nehmen sie Abstand von ihrer eigenen Einstellung zur Situation, da das professionelle Handeln in den Vordergrund gestellt wird.

7. Fassen Sie Ihre Erkenntnisse zusammen und formulieren Sie noch offene Fragen.

Mögliche Erkenntnisse:

- *vertiefendes Verständnis für Interessenkonflikte im Team und deren Konsequenzen*
- *Entscheidungen im Team beeinflussen Erziehungs- und Bildungspartnerschaften.*

Mögliche Fragen:

- *Müssen wir als verschiedene Teams immer einer Meinung sein und immer gleich handeln? Wird von Eltern ein solches Vorgehen erwartet?*
- *Halten Teams Meinungsverschiedenheiten aus? Was muss dafür gegeben sein? Könnte ich Konflikte zwischen Teams aushalten und bearbeiten? Welche Kompetenzen besitze ich hierfür und welche könnten mir noch dabei behilflich sein?*

Anregungen für die weitere Planung/Gestaltung des Unterrichts:

- *Die Schülerinnen und Schüler spielen die Teamsituation nach.*
- *Recherchieren: Wie wird mit solchen bzw. ähnlichen Situationen in den Einrichtungen umgegangen? (Interview des eigenen Teams im Praktikum)*
- *Diskussion: Heißt Teamarbeit, dass tatsächlich alle dasselbe machen sollten? Wie viel Individualität lässt Teamarbeit zu?*

Situation 6 – DIE FLIEGENKLATSCHE

Der Kindergarten *Pusteblume* liegt in der Nähe eines Bauernhofs.

In der Gruppe ging es in den vergangenen Wochen um das Thema „Insekten", in erster Linie um Bienen, Hummeln, Wespen, Schmetterlinge, Mücken, Fliegen und deren Nutzen in der Natur. Die Kinder haben z. B. mit großem Interesse Bienen beim Sammeln von Nektar beobachtet und dabei festgestellt, dass die gelben Pollensäckchen an den Beinen immer größer wurden.

Eines Morgens haben sich mal wieder mehrere Fliegen in den Gruppenraum verirrt und schwirren laut brummend umher. Mit einer großen Selbstverständlichkeit greift die Erzieherin Anna zur Fliegenklatsche, um wie immer die Tiere totzuschlagen.

Florian (4;5 Jahre) ruft: „Warum haust du die Fliegen tot, Anna? Du hast doch gesagt, die sind wichtig für die Natur!"

1. Beschreiben Sie die Zwickmühlensituation, die hier für Anna vorliegt.
2. Analysieren Sie die Situation, indem Sie versuchen, die unterschiedlichen Perspektiven/Interessen der beteiligten Personen nachzuempfinden.
3. Beschreiben und begründen Sie, wie Sie selbst zu dieser Situation stehen.
4. Zeigen Sie mindestens 2 mögliche Handlungsoptionen für Anna und die daraus resultierenden Konsequenzen für alle beteiligten Personen auf.
5. Verknüpfen Sie die Situation mit Ihrem wissenschaftlichen Theoriewissen oder recherchieren hierzu. Notieren Sie die entsprechenden Quellen.
6. Wählen Sie eine pädagogische Handlungsoption und begründen Sie diese fachlich.
7. Fassen Sie Ihre Erkenntnisse zusammen und formulieren Sie noch offene Fragen.

1. Beschreiben Sie die Zwickmühlensituation, die hier für Anna vorliegt.

Die Zwickmühle für Anna besteht darin, dass sie Unterschiede beim Schutz von Fliegen macht: In der Natur sind diese nützlich, im Haus werden sie totgeschlagen. Diese Unterscheidung ist für Kinder nicht nachvollziehbar.

2. Analysieren Sie die Situation, indem Sie versuchen, die unterschiedlichen Perspektiven/Interessen der beteiligten Personen nachzuempfinden.

Anna: *Der Kindergarten liegt in der Nähe eines Bauernhofs, sodass Fliegen in den Räumen wahrscheinlich häufig vorkommen. Anna handelt daher so wie immer: Sie schlägt die Fliegen tot. Allerdings empfinden die Kinder (hier Paul) ihr Verhalten nun als unangebracht. Dies war Anna noch nicht bewusst.*

Florian: *Der Junge kann das beobachtete Verhalten von Anna nicht einordnen. Er hat in den letzten Wochen gelernt, dass Insekten wichtig für die Natur sind. Dazu gehören z. B. Bienen, Hummeln und Wespen, aber auch Fliegen. Annas Verhalten ruft bei ihm eine Irritation hervor, die er verbal ausdrückt.*

Die anderen Kinder der Gruppe: *Auch sie könnten Beobachter der Situation gewesen sein und sich dieselbe Frage wie Florian stellen. Auf der anderen Seite kennen sie eventuell das Verhalten des Totschlagens der Fliegen von zu Hause bzw. haben es schon häufiger in der Gruppe erlebt, weil die Nähe zum Bauernhof viele Fliegen mit sich bringt. Daher könnte dieses Verhalten als normal empfunden und möglicherweise gar nicht hinterfragt werden.*

Das weitere pädagogische Personal: *Wahrscheinlich hat sich das pädagogische Personal nicht darüber ausgetauscht, ob das Totschlagen von Fliegen in der Kita ein Problem darstellen könnte. Eventuell handeln die einzelnen Personen unterschiedlich.*

3. Beschreiben und begründen Sie, wie Sie selbst zu dieser Situation stehen.

Die Schüler/-innen beschreiben ihre eigene Einstellung, z. B.:

- *dass Fliegen lästig sind, weil…*
- *dass Fliegen totschlagen normal ist, weil…*
- *dass Kinder verstehen sollten, dass Unterschiede bei Insekten gemacht werden, weil z. B. Spinnen, Mücken und Fliegen im Haus oft unerwünscht sind.*
- *dass sie die Fliegen im Gruppenraum belassen hätten, weil…*
- *dass Florian recht hat, weil…*
- *dass sie keine Antwort darauf hätten, weil…*
- *(…)*

4. Zeigen Sie mindestens 2 mögliche Handlungsoptionen für Anna und die daraus resultierenden Konsequenzen für alle beteiligten Personen auf.

Handlungsmöglichkeit 1:

Die Erzieherin Anna erklärt Florian, dass sie Fliegen im Haus als unhygienisch empfindet und sie diese nicht in den Räumen haben möchte. Deshalb schlägt sie sie tot.

Anna müsste Florian erklären, dass Fliegen zwar nützliche Tiere für die Natur sind (z. B. als Futter), diese jedoch im Haus aus den oben genannten Gründen unerwünscht sind und stören. Deshalb macht sie hier keine Kompromisse und nimmt den Tod der Tiere in Kauf. Anna sollte dennoch verstehen, dass ihr Verhalten bei den Kindern Fragen hervorruft und deshalb darauf eingehen.

Anna könnte vorschlagen, die Fliegen zu fangen und diese dann mit Florian nach draußen bringen.

Handlungsmöglichkeit 2:

Anna gibt Florian recht und räumt ein, dass sie darüber noch nicht nachgedacht hat. Es sollten Handlungsalternativen im Umgang mit den Fliegen gefunden werden, mit denen die Kinder einverstanden sind.

Florian erfährt, dass er auf Augenhöhe mit der Erzieherin ist: Sie überdenkt ihr Verhalten, weil er sie darauf aufmerksam gemacht hat. Im Anschluss an das Gespräch könnte mit allen Kindern darüber gesprochen werden, wie der Umgang mit den Fliegen im Gruppenraum aussehen kann (Partizipation).

Handlungsmöglichkeit 3:

Die Erzieherin geht auf Florians Frage nicht weiter ein und schlägt die Fliegen tot.

Die Konsequenz wäre, dass Anna sich mit diesem Verhalten bei den Kindern unglaubwürdig machen würde bzw. dass Florian verwirrt ist und nun nicht weiß, was denn eigentlich richtig ist: Sollen Insekten geschützt werden, weil sie wichtig für die Natur sind – oder doch nicht?

Name: | Klasse: | Datum: | 2 von 4

5. Verknüpfen Sie die Situation mit Ihrem wissenschaftlichen Theoriewissen oder recherchieren hierzu. Notieren Sie die entsprechenden Quellen.

Mögliche theoretische Anbindung:

- *Werte und Normen in der Natur und Lebenswelt*
- *Erzieherverhalten/Vorbild sein*
- *Reflexion des eigenen Handelns*
- *Partizipation*
- *Ambiguitätstoleranz*

6. Wählen Sie eine pädagogische Handlungsoption und begründen Sie diese fachlich.

Die Schüler/-innen beschreiben die gewählte pädagogische Handlungsweise und begründen diese aufgrund ihrer möglichen theoretischen Anbindung. Eventuell nehmen sie Abstand von ihrer eigenen Einstellung zur Situation, da das professionelle Handeln in den Vordergrund gestellt wird.

Name: | Klasse: | Datum: | 3 von 4

7. Fassen Sie Ihre Erkenntnisse zusammen und formulieren Sie noch offene Fragen.

Mögliche Erkenntnisse:

- *Wenn Kindern Werte und Normen vermittelt werden, bedeutet dies, sie dauerhaft umzusetzen. Ansonsten werden die Kinder das Erlernte infrage stellen und verunsichert sein.*
- *Getroffene Entscheidungen mit Kindern haben zur Folge, dass Widersprüche auftreten können. Diese sollten ausgehalten und mit ihnen umgegangen werden.*

Mögliche Fragen:

- *Kann ich es aushalten, dass ich mich von nun an um jede Fliege kümmern muss?*

Anregungen für die weitere Planung/Gestaltung des Unterrichts:

- *Fragestellung „Wie gehen wir zu Hause mit Insekten um?"*
- *Elternabend zum Thema*
- *Teamsitzung zum Thema, mit dem Ziel des einheitlichen Handelns der Erzieherinnen und Erzieher*
- *kreative Darstellung der Fragestellung, z. B. in Form von Plakaten, die die Kinder erstellen: Nützliche Tiere? Unnütze Tiere?*
- *Einladen von Fachleuten/Biologen/fächerübergreifender Unterricht (Biologie)*

Name: | Klasse: | Datum: | 4 von 4

Situation 7 – WASSER MARSCH!

Lutz, der Praktikant im 2. Ausbildungsjahr zum sozialpädagogischen Assistenten, kommt aus dem Waschraum und erzählt seiner Mentorin begeistert: „Die Kids spielen im Waschraum ‚Welches Waschbecken ist als erstes voll?‘ Alle Wasserhähne sind ganz aufgedreht und sie vergleichen, wie schnell sich die Waschbecken füllen. Diese Situation werde ich für meine Ausarbeitung zum mathematischen Grundverständnis nutzen. Super, dass die Kids so experimentierfreudig sind!"

Die Mentorin springt von ihrem Stuhl auf und entgegnet: „Was für eine Wasserverschwendung! Geh in den Waschraum und erkläre den Kindern, dass das nicht geht!"

1. Beschreiben Sie die Zwickmühlensituation, die hier für Lutz vorliegt.
2. Analysieren Sie die Situation, indem Sie versuchen, die unterschiedlichen Perspektiven/Interessen der beteiligten Personen nachzuempfinden.
3. Beschreiben und begründen Sie, wie Sie selbst zu dieser Situation stehen.
4. Zeigen Sie mindestens 2 mögliche Handlungsoptionen für Lutz und die daraus resultierenden Konsequenzen für alle beteiligten Personen auf.
5. Verknüpfen Sie die Situation mit Ihrem wissenschaftlichen Theoriewissen oder recherchieren hierzu. Notieren Sie die entsprechenden Quellen.
6. Wählen Sie eine pädagogische Handlungsoption und begründen Sie diese fachlich.
7. Fassen Sie Ihre Erkenntnisse zusammen und formulieren Sie noch offene Fragen.

1. Beschreiben Sie die Zwickmühlensituation, die hier für Lutz vorliegt.

Die Zwickmühlensituation besteht darin, dass die Kinder gerade einen Lernprozess u. a. zum Thema „mathematisches Grundverständnis" durchlaufen, der jedoch mit der Verschwendung einer Ressource einhergeht.

2. Analysieren Sie die Situation, indem Sie versuchen, die unterschiedlichen Perspektiven/Interessen der beteiligten Personen nachzuempfinden.

Lutz: *Er hat den Mehrwert für die Kinder im Waschraum erkannt: Die Kinder stellen Hypothesen auf, experimentieren und ziehen Schlüsse aus ihren Erkenntnissen. Für Lutz ist klar, dass es hier um naturwissenschaftliche Erfahrungen geht. Er ist von der Experimentierfreude der Kinder begeistert, wird nun aber mit der Konsequenz der Wasserverschwendung konfrontiert und soll die Kinder in ihrem Wissensdrang unterbrechen.*

Mentorin: *Wahrscheinlich ist der Mentorin bewusst, dass die Kinder hier Lernerfahrungen machen, dennoch steht bei ihr die Einstellung in Bezug auf Ressourcenschonung im Vordergrund, die sie zum Handeln veranlasst.*

Die Kinder: *Die Kinder haben Spaß und Freude beim Experimentieren mit Wasser. Sie möchten erkunden und vergleichen. An die Wasserverschwendung denken sie nicht.*

Name: | Klasse: | Datum: | 1 von 4

3. Beschreiben und begründen Sie, wie Sie selbst zu dieser Situation stehen.

Die Schüler/-innen beschreiben ihre eigene Einstellung, z. B.:

- *dass es sich hier nicht um Wasserverschwendung handelt, weil…*
- *dass Kinder möglichst früh lernen sollten, mit Ressourcen umzugehen, weil…*
- *dass Ausnahmen gemacht werden können, weil…*
- *(…)*

4. Zeigen Sie mindestens 2 mögliche Handlungsoptionen für Lutz und die daraus resultierenden Konsequenzen für alle beteiligten Personen auf.

Da sich hier eine Kombinationsvielfalt an Handlungsoptionen ergibt, werden exemplarisch einige aufgezeigt:

- *Lutz befolgt die Anweisung.*
- *Lutz befolgt die Anweisung nicht.*
- *Er spricht mit der Mentorin und erklärt seine Sichtweise bevor oder nachdem er im Waschraum gewesen ist.*
- *Er sucht mit der Mentorin zusammen nach Lösungen.*
- *Er findet Alternativen für die Kinder/mit den Kindern, die weniger ressourcenverschwendend sind.*
- *Er sieht ein, dass die Mentorin in ihrer Argumentation recht hat.*
- *Er bleibt bei seiner Euphorie für die Experimentierfreude der Kinder, bittet diese dennoch, das Wasser abzustellen.*
- *(…)*

Die Konsequenzen aus dem jeweiligen Handeln sind je nach Gewichtung unterschiedlich, diese sollten mit den Schülern/-innen diskutiert werden.

Name: | Klasse: | Datum: | 2 von 4

5. Verknüpfen Sie die Situation mit Ihrem wissenschaftlichen Theoriewissen oder recherchieren hierzu. Notieren Sie die entsprechenden Quellen.

Mögliche theoretische Anbindung:

- *mathematisches Grundverständnis/Experimente*
- *bewusster Umgang mit natürlichen Ressourcen*
- *Mentoren- und Praktikantenrolle*
- *Begleitung von Lernprozessen*
- *Konfliktgespräch*

6. Wählen Sie eine pädagogische Handlungsoption und begründen Sie diese fachlich.

Die Schüler/-innen beschreiben die gewählte pädagogische Handlungsweise und begründen diese aufgrund ihrer möglichen theoretischen Anbindung. Eventuell nehmen sie Abstand von ihrer eigenen Einstellung zur Situation, da das professionelle Handeln in den Vordergrund gestellt wird.

7. Fassen Sie Ihre Erkenntnisse zusammen und formulieren Sie noch offene Fragen.

Mögliche Erkenntnisse:

- *Bewusster Umgang mit natürlichen Ressourcen und Experimentierfreude können kollidieren.*
- *Mentorin und Praktikant können unterschiedliche Auffassungen zu einer Situation haben – und beide haben ihre Berechtigung.*

Mögliche Fragen:

- *Reflexion des eigenen Umgangs mit Ressourcen (Wie gehe ich mit Wasser um? Lasse ich dieses z. B. unnütz laufen?)*
- *Darf ich Lernprozesse unterbrechen zugunsten der Schonung von Ressourcen?*
- *Wie kläre ich unterschiedliche Sichtweisen?*
- *Kann das Einbauen von Wasserstoppern in Wasserhähne eine mögliche Lösung sein oder würden dadurch Lernmöglichkeiten im Umgang mit Ressourcen genommen werden?*
- *Wie könnte das Experiment der Kinder umgestaltet werden, sodass es ressourcenschonend durchgeführt werden kann (z. B. mit Sand)?*

Anregungen für die weitere Planung/Gestaltung des Unterrichts:

- *vergleichbare Situationen diskutieren/besprechen, z. B. „Verschwendung" von Papier am Maltisch*
- *Projekt zum Thema „Wasser"*
- *Rollenspiel: Mentorin und Lutz klären die Situation*

Name: | Klasse: | Datum: |

Situation 8 – NUR EINE SCHNIEFNASE?

Frau Schneider schiebt ihren Sohn Jonas (4;3 Jahre) in den Gruppenraum, gibt ihm einen Kuss und winkt der Erzieherin Damala kurz zu: „Jonas hat eine leichte Schniefnase, aber das wird schon gehen. Tschüss!" Schon ist sie verschwunden. Jonas steht in der Gruppe und schaut auf den Boden. Als er Damala ansieht, bemerkt sie seine glasigen Augen. „Oh je, ich glaube, du hast Fieber, Jonas!" Sie legt die Hand auf seine Stirn und nickt. „Ja, du bist ganz heiß. Geht es dir nicht gut?" Jonas schüttelt den Kopf und beginnt zu weinen. „Das kann ich gut verstehen." Damala sieht sich kurz um. „Möchtest du dich im Nebenraum hinlegen? Wir machen es richtig gemütlich. Und dann versuche ich, die Mama zu erreichen." Jonas nickt und geht langsam in Richtung Nebenraum.

Jonas wird in dicke Decken gehüllt. Außerdem darf heute ein Kuscheltier aus der Gruppe neben ihm liegen. „Kommt Mama wieder? Ich will nach Hause, aber Mama muss arbeiten", sagt er. „Ich spreche gleich mit ihr", verspricht Damala. Als sie Fieber misst, stellt sie fest, dass er 38,7 °C Körpertemperatur hat.

Kurze Zeit später telefoniert Damala mit Frau Schneider. Damala schildert ihr, wie schlecht es Jonas geht und fragt, weshalb sie ihren Sohn überhaupt in den Kindergarten gebracht hat. Frau Schneider antwortet daraufhin: „Heute Morgen hatte er noch kein Fieber, wirklich nicht. Damala, bitte, ich weiß nicht, wie ich Jonas jetzt abholen soll. Ich kann hier nicht weg. Es wäre niemand im Geschäft, ich müsste schließen, das würde Verdienstausfall bedeuten. Das kann ich mir nicht leisten."

„Unsere Kitaregel besagt: ‚Kranke Kinder müssen zu Hause versorgt werden.' Kann sich denn nicht jemand anders um Jonas kümmern?", fragt Damala.

„Nein. Du weißt doch, dass Jonas und ich völlig auf uns selbst gestellt sind. Wer sollte das sein? Bitte! Ich komme um 16 Uhr. Versprochen! Dann mache ich das Geschäft eine Stunde eher zu. Aber noch früher kann ich nicht kommen."

Damala sieht ratlos ihren Kollegen an. Er hat das Gespräch mitgehört.

1. Beschreiben Sie die Zwickmühlensituation, die hier für Damala vorliegt.
2. Analysieren Sie die Situation, indem Sie versuchen, die unterschiedlichen Perspektiven/Interessen der beteiligten Personen nachzuempfinden.
3. Beschreiben und begründen Sie, wie Sie selbst zu dieser Situation stehen.
4. Zeigen Sie mindestens 2 mögliche Handlungsoptionen für Damala und die daraus resultierenden Konsequenzen für alle beteiligten Personen auf.
5. Verknüpfen Sie die Situation mit Ihrem wissenschaftlichen Theoriewissen oder recherchieren hierzu. Notieren Sie die entsprechenden Quellen.
6. Wählen Sie eine pädagogische Handlungsoption und begründen Sie diese fachlich.
7. Fassen Sie Ihre Erkenntnisse zusammen und formulieren Sie noch offene Fragen.

1. Beschreiben Sie die Zwickmühlensituation, die hier für Damala vorliegt.

Die Zwickmühle für Damala besteht darin, dass sie eine Entscheidung treffen muss, wie nun mit Jonas' Situation umgegangen werden soll: Entweder er wird sofort abgeholt, oder er bleibt bis 16 Uhr im Kindergarten.

2. Analysieren Sie die Situation, indem Sie versuchen, die unterschiedlichen Perspektiven/Interessen der beteiligten Personen nachzuempfinden.

Jonas: *Der Junge hat Fieber. Es geht ihm nicht gut und er möchte nach Hause. Wahrscheinlich war er auch schon am Morgen fiebrig, hat dies aber vielleicht verschwiegen/selbst nicht wahrgenommen/ wurde von der Mutter nicht gehört/gesehen/gefragt. Er weiß, dass die Arbeit für seine Mutter wichtig ist. Eventuell muss er seine Bedürfnisse häufiger hintenanstellen.*

Die Mutter Frau Schneider: *Frau Schneider befindet sich in einer Zwickmühle. Einerseits ist ihr die Situation ihres Sohnes bewusst. Sie versteht, dass Jonas nicht krank im Kindergarten sein kann und sie sich um ihn kümmern muss. Da es keine Betreuungsalternativen gibt, obliegt ihr die Aufsicht.*

Andererseits muss sie vor Ort bleiben, da sie allein im Geschäft arbeitet und es nicht sofort schließen kann. Ihr Verdienst scheint von der Öffnung des Geschäfts abzuhängen. Sie verspricht, eine Stunde eher zu schließen und hofft, dass Damala sich auf diesen Kompromiss einlässt.

Damala: *Damala ist für das Wohl des Kindes zuständig und eigentlich müsste sie dafür Sorge tragen, dass der Junge bestmöglich versorgt ist. Dies ist aber im Kindergarten nicht zu gewährleisten (keine Ruhe für Jonas, keine 1:1-Betreuung möglich, Bedürfnisse des Kindes werden nicht gestillt…). Zudem ist sie auch für das Wohl der anderen Kinder der Gruppe verantwortlich und muss deren gesundheitliche Fürsorge ebenfalls beachten.*

Auf der anderen Seite wird sie nun von der Mutter dringend gebeten, sich um Jonas zu kümmern, weil sie ihren Sohn nicht abholen kann. Die Argumente, die Frau Schneider vorbringt, sind verständlich: Es geht um die finanzielle Versorgung der Familie. Die Mutter scheint niemanden zu haben, der sich um Jonas kümmern kann. Damala befindet sich in einem Entscheidungskonflikt: Soll sie darauf bestehen, dass Jonas abgeholt wird? Oder soll sie der Mutter entgegenkommen?

3. Beschreiben und begründen Sie, wie Sie selbst zu dieser Situation stehen.

Die Schüler/-innen beschreiben ihre eigene Einstellung, z. B.:

- *dass Damala dem Wunsch der Mutter nachkommen sollte, weil…*
- *dass Damala dem Wunsch der Mutter nicht nachkommen sollte, weil…*
- *dass sie selbst unsicher bei der Entscheidung wären und sich mit dem Kollegen austauschen würden, weil…*
- *dass sie die Mutter bitten würden, das Geschäft noch eher zu schließen, weil…*
- *(…)*

4. Zeigen Sie mindestens 2 mögliche Handlungsoptionen für Damala und die daraus resultierenden Konsequenzen für alle beteiligten Personen auf.

Handlungsmöglichkeit 1:

Damala kommt dem Wunsch der Mutter nach, sodass Jonas bis um 16 Uhr im Nebenraum versorgt wird. Die mögliche Konsequenz wäre, dass Jonas' Bedürfnis nach Hause zu kommen, nicht nachgekommen wird und er erneut die Erfahrung macht, dass er mit seinen Bedürfnissen hintenanstehen muss. Das kann zu Vertrauensbrüchen gegenüber der Mutter führen.

Damalas Handeln würde sich gegen die Einrichtungsregel stellen: „Kranke Kinder müssen zu Hause versorgt werden." Möglicherweise werden weitere Kinder oder Personal angesteckt.

Sollte einmal eine ähnliche Situation eintreten, könnte die Mutter wieder davon ausgehen, dass Jonas im Kindergarten bleiben darf. Sie könnte darauf verweisen, dass sich Damala und das Erzieherteam schon einmal gut um den Jungen gekümmert haben.

Handlungsmöglichkeit 2:

Damala besteht darauf, dass die Mutter Jonas sofort abholt. Sie käme damit Jonas' Wunsch nach und würde die Einrichtungsregel befolgen. Sie würde das Wohl des Kindes beachten, mit dieser Entscheidung aber auch unterschiedliche Konsequenzen in Kauf nehmen, die langfristig auf die Beziehung zwischen der Mutter und ihr und damit vielleicht auch auf Jonas zurückfallen könnten: Die Mutter erleidet einen Verdienstausfall, vielleicht lässt sie ihre Wut/ihren Unmut darüber an ihrem Kind aus. Eventuell reagiert sie auch emotional auf Damalas Forderung, was diese in dem Moment aushalten müsste.

Handlungsmöglichkeit 3:

Damala bittet die Mutter, Jonas deutlich eher abzuholen (z. B. um die Mittagszeit). Damit würde sie einen Kompromiss eingehen, dessen Konsequenzen aber denen in Handlungsmöglichkeit 1 und 2 ähneln.

Wichtig wäre, dass Damala mit Frau Schneider grundsätzlich klärt, wie die Versorgung von Jonas im Krankheitsfall aussehen soll, damit sich die Situation für Jonas nicht wiederholt.

Name: | Klasse: | Datum: | 2 von 4

5. Verknüpfen Sie die Situation mit Ihrem wissenschaftlichen Theoriewissen oder recherchieren hierzu. Notieren Sie die entsprechenden Quellen.

Mögliche theoretische Anbindung:

- *Kindeswohl/Betreuung im Krankheitsfall*
- *Das Infektionsschutzgesetz (IfSG) – Welche rechtlichen Grundlagen gelten für kranke Kinder in Kitas?*
- *interne Kita-Hausregeln*
- *Infektionskrankheiten bei Kindern*
- *Bindung*
- *Erziehungs- und Bildungspartnerschaft*
- *Aufgaben des Erziehers*
- *unterschiedliche Formen des Zusammenlebens*

6. Wählen Sie eine pädagogische Handlungsoption und begründen Sie diese fachlich.

Die Schüler/-innen beschreiben die gewählte pädagogische Handlungsweise und begründen diese aufgrund ihrer möglichen theoretischen Anbindung. Eventuell nehmen sie Abstand von ihrer eigenen Einstellung zur Situation, da das professionelle Handeln in den Vordergrund gestellt wird.

Name: | Klasse: | Datum: | 3 von 4

7. Fassen Sie Ihre Erkenntnisse zusammen und formulieren Sie noch offene Fragen.

Mögliche Erkenntnisse:

- *Betreuungssituationen sind für Alleinerziehende oft herausfordernd, daraus ergeben sich Anfragen an die Erzieher.*
- *Trotz geltender Regeln werden diese in individuellen Notsituationen immer wieder infrage gestellt.*

Mögliche Fragen:

- *Wie würde ich formulieren, dass die Mutter ihr Kind abholen muss?*
- *Wie würde ich gegenüber Kollegen/anderen Eltern/den Kindern rechtfertigen, dass Jonas im Kindergarten bleiben darf?*
- *Wie würde ich handeln, wenn die Mutter weiterhin keine Betreuungsperson für Jonas findet?*

Anregungen für die weitere Planung/Gestaltung des Unterrichts:

- *Die Kommunikationssituationen mit der Mutter werden im Rollenspiel nachgespielt.*
- *Diskussion über IfSG und hausinterne Regeln in der Kita*
- *Erarbeitung: Welche Möglichkeiten der Unterbringung/Beschäftigung/Behandlung habe ich,*
  - *wenn kein Nebenraum zur Verfügung steht*
  - *wenn die Mutter später kommt*
  - *wenn das Kind nicht mehr liegen bleiben will*
  - *wenn sich das Fieber erhöht*
  - *damit das kranke Kind keine anderen Menschen ansteckt*
  - *…*

Name: | Klasse: | Datum: | 4 von 4

Situation 9 – DAS EMPFEHLUNGSSCHREIBEN

Mia (16 Jahre) befindet sich im Freiwilligen Sozialen Jahr in einer Kindertagesstätte und die Zeit ist fast vorüber. Es ist ihr großer Wunsch, Erzieherin zu werden, das betont sie immer wieder. Sie mag Kinder, hat Freude daran, Kindern zu helfen und an ihrer Seite zu sein. Sie sagt oft: „Ich will, dass aus den Kindern was wird!"

Michael ist seit 5 Jahren Erzieher und Mias Mentor. Er hat große Bedenken, was den Berufswunsch seiner Praktikantin anbelangt: Zum Beispiel übernimmt Mia immer wieder das Handeln für die Kinder, lässt sie nicht selbst tätig werden oder leitet die Kinder im Alltag zu herausfordernd an. Es scheint ihr an Empathie zu fehlen und sie sollte mehr Geduld aufbringen, findet Michael. Außerdem bemerkt sie nicht, dass sie mit den Kindern unangemessen kommuniziert. Auch den Eltern gegenüber ist Mia sehr forsch und kennt ihre Grenzen als FSJlerin nicht. So sagt sie den Eltern z.B., was sie Mias Meinung nach in der Erziehung „falsch" machen.

Oft hält Mia Absprachen nicht ein, macht Versprechungen den Kindern gegenüber, die sie dann aber vergisst oder stellt Regeln auf, die sie selbst nicht einhält.

Im Nachhinein macht sich Michael den Vorwurf, nicht deutlich genug seine Beobachtungen geschildert zu haben. Es gab zwischenzeitlich Gespräche, in denen Michael andeutete, dass er Mias pädagogisches Handeln manchmal als problematisch empfindet. Aber er bestand nicht darauf, dass sie ihr Verhalten ändert, um Konflikten aus dem Weg zu gehen. Im Grunde genommen war Michael froh, eine weitere helfende Hand zu haben.

Nun steht Mia vor ihm und sagt: „Michael, für die Ausbildung wäre ein Empfehlungsschreiben super. Kannst du mir das bis nächste Woche für meine Bewerbung ausstellen?"

1. Beschreiben Sie die Zwickmühlensituation, die hier für Michael vorliegt.
2. Analysieren Sie die Situation, indem Sie versuchen, die unterschiedlichen Perspektiven/Interessen der beteiligten Personen nachzuempfinden.
3. Beschreiben und begründen Sie, wie Sie selbst zu dieser Situation stehen.
4. Zeigen Sie mindestens 2 mögliche Handlungsoptionen für Michael und die daraus resultierenden Konsequenzen für alle beteiligten Personen auf.
5. Verknüpfen Sie die Situation mit Ihrem wissenschaftlichen Theoriewissen oder recherchieren hierzu. Notieren Sie die entsprechenden Quellen.
6. Wählen Sie eine pädagogische Handlungsoption und begründen Sie diese fachlich.
7. Fassen Sie Ihre Erkenntnisse zusammen und formulieren Sie noch offene Fragen.

1. Beschreiben Sie die Zwickmühlensituation, die hier für Michael vorliegt.

Die Zwickmühle besteht darin, dass Michael ein Empfehlungsschreiben für Mia ausstellen soll, obwohl sie sich aus seiner Sicht in der Praxis als wenig geeignet für den Beruf gezeigt hat.

2. Analysieren Sie die Situation, indem Sie versuchen, die unterschiedlichen Perspektiven/Interessen der beteiligten Personen nachzuempfinden.

Michael: *Michael befindet sich in einem Konflikt. Ihm wird bewusst, dass er nun die Konsequenzen dafür tragen muss, dass er Mia nicht die passenden Rückmeldungen gegeben hat. Er sagte ihr zwar, dass er ihr Verhalten manchmal als ungemessen ansah, formulierte dies aber nicht eindeutig. Mia änderte ihr Verhalten nicht. Nun soll er ein Empfehlungsschreiben ausstellen, das nicht seinen Vorstellungen von einer guten Praktikantin entspricht. Die Einrichtung ist aber verpflichtet, ein Zeugnis auszustellen.*

Mia: *Mia glaubt, gute Arbeit in dem Jahr geleistet zu haben. Etwas Gegenteiliges hat sie nicht wahrgenommen, auch wenn sich Michael in den Gesprächen nicht immer positiv äußerte.*

Sie möchte unbedingt ihrem Berufswunsch nachkommen und Erzieherin werden. Dafür bewirbt sie sich an der entsprechenden Schule. Um ihre Aufnahmechancen zu erhöhen, wünscht sie sich ein gutes Empfehlungsschreiben.

Name: | Klasse: | Datum: | 1 von 4

3. Beschreiben und begründen Sie, wie Sie selbst zu dieser Situation stehen.

Die Schüler/-innen beschreiben ihre eigene Einstellung, z. B.:

- *dass es wichtig ist, Mia nun eine ehrliche Reflexion zu geben, weil…*
- *dass man Mia in dem Glauben lassen sollte, sie habe gute Arbeit geleistet, weil…*
- *dass Michael sich unfair gegenüber Mia verhalten hat und seiner Rolle als Mentor nicht nachgekommen ist, weil…*
- *dass Michael gegenüber den Kindern eine Verantwortung hat und früher hätte handeln müssen, weil…*
- *dass es auch Mias Verantwortung gewesen wäre, sich genauere Rückmeldungen von Michael einzuholen, weil…*
- *(…)*

4. Zeigen Sie mindestens 2 mögliche Handlungsoptionen für Michael und die daraus resultierenden Konsequenzen für alle beteiligten Personen auf.

Handlungsmöglichkeit 1:

Michael verfasst das Empfehlungsschreiben wie von Mia gewünscht (in Absprache mit der Leitung). Das hätte für ihn die Konsequenz, dass er sich wahrscheinlich unwohl damit fühlt, etwas zu schreiben, wovon er selbst nicht überzeugt ist. Dies führt eventuell dazu, dass Mia eine Ausbildung beginnt, für die Michael sie als nicht geeignet einstuft. Außerdem lässt er Mia weiter in dem Glauben, ein pädagogisches Geschick zu besitzen. Vielleicht würde ihr innerhalb der Ausbildung aufgezeigt werden, dass dem nicht so ist.

Handlungsmöglichkeit 2:

Michael weigert sich, ein Empfehlungsschreiben zu erstellen. Mia würde sein Verhalten nicht nachvollziehen können, wenn Michael dies nicht entsprechend begründet.

Handlungsmöglichkeit 3:

Michael führt ein ehrliches Reflexionsgespräch mit Mia und holt das Versäumte nach. Die Konsequenz könnte sein, dass Mia diese Rückmeldungen nicht annimmt, weil sie zu spät erfolgen und sie mit den vielen negativen Aspekten kaum umgehen kann. Sie könnte wütend/traurig werden oder sich zukünftig distanziert verhalten.

Für sich selbst hätte Michael allerdings das Gefühl, seiner Verantwortung nachgekommen zu sein und er würde sich vielleicht besser fühlen – auch als Pädagoge und Vertreter der Kinder.

Es wäre aber auch denkbar, dass es ihm schlecht mit einem solchen Gespräch geht.

Weitere Möglichkeiten:

- *Michael gibt das Erstellen des Empfehlungsschreibens an die Leitung weiter.*
- *Er findet abgeschwächte Formulierungen für das Schreiben.*

5. Verknüpfen Sie die Situation mit Ihrem wissenschaftlichen Theoriewissen oder recherchieren hierzu. Notieren Sie die entsprechenden Quellen.

Mögliche theoretische Anbindung:

- *Reflexion*
- *Eigen- und Fremdwahrnehmung*
- *Kommunikation*
- *Anleiter-/Mentorenrolle*
- *Konfliktbewältigung*
- *Feedback geben*
- *pädagogisches Handeln*
- *Inhalte eines Arbeitszeugnisses/Empfehlungsschreibens*

6. Wählen Sie eine pädagogische Handlungsoption und begründen Sie diese fachlich.

Die Schüler/-innen beschreiben die gewählte pädagogische Handlungsweise und begründen diese aufgrund ihrer möglichen theoretischen Anbindung. Eventuell nehmen sie Abstand von ihrer eigenen Einstellung zur Situation, da das professionelle Handeln in den Vordergrund gestellt wird.

Name: | Klasse: | Datum: | 3 von 4

7. Fassen Sie Ihre Erkenntnisse zusammen und formulieren Sie noch offene Fragen.

Mögliche Erkenntnisse:

- *Beobachtungen sollten rechtzeitig angesprochen werden.*
- *Regelmäßige, offene und ehrliche Reflexionen sind wichtig.*
- *Eigen- und Fremdwahrnehmung können sich voneinander unterscheiden.*

Mögliche Fragen:

- *Wie hätte ich an Michaels Stelle gehandelt?*
- *Warum hat Mia nicht schon eher nachgefragt?*
- *Was ergibt sich für mich als zukünftige/r Mentor/-in aus der Situation?*

Anregungen für die weitere Planung/Gestaltung des Unterrichts:

- *Schreibgespräch über die Situation*
- *Rollenspiel: Michael und Mia (unterschiedliche Handlungsmöglichkeiten durchspielen)*
- *Standbild: Wie fühlt sich Michael am Ende der Situation, wie fühlt sich Mia?*
- *Standbild: Wie sieht sich Mia in ihrer jetzigen Rolle in Bezug auf ihre pädagogischen Fähigkeiten?*
- *Unterschied Empfehlungsschreiben/Zeugnis erarbeiten*
- *Erstellen eines Empfehlungsschreibens/Zeugnisses*
- *Feedback geben üben*

Situation 10 – BAKLAVA UND ZUCKERFEST

Die Mutter von Orhun bringt eines Morgens Baklava in den Kindergarten mit und überreicht dies freudig dem Erzieher Felix: „Wir haben Zuckerfest und deshalb gebacken. Wir dachten, wir bringen mal für alle was mit!" Orhun ruft: „Und ich hab auch mitgeholfen!" Die Mutter nickt und streicht ihrem Sohn über den Kopf. Felix blickt irritiert auf die Platte mit den Backwaren und nimmt sie entgegen. „Danke", sagt er und stellt sie auf den Frühstückstisch. Dann wendet er sich wieder den anderen Kindern zu. Die Mutter geht.

„Hat Orhun Geburtstag?", fragen einige Kinder während des Vormittags. Sie haben die Situation am Morgen beobachtet. „Nein. Orhun und seine Eltern feiern ein muslimisches Fest oder so", erwidert Felix unsicher und geht nicht weiter auf die Fragen ein.

Der Praktikant Leon, der das Zuckerfest durch seine vielen muslimischen Freunde kennt und um dessen große Bedeutung in der Kultur weiß, findet es schade, dass das Thema nicht aufgegriffen wird. Er traut sich aber nicht, Felix darauf hinzuweisen.

1. Beschreiben Sie die Zwickmühlensituation, die hier für Leon vorliegt.
2. Analysieren Sie die Situation, indem Sie versuchen, die unterschiedlichen Perspektiven/Interessen der beteiligten Personen nachzuempfinden.
3. Beschreiben und begründen Sie, wie Sie selbst zu dieser Situation stehen.
4. Zeigen Sie mindestens 2 mögliche Handlungsoptionen für Leon und die daraus resultierenden Konsequenzen für alle beteiligten Personen auf.
5. Verknüpfen Sie die Situation mit Ihrem wissenschaftlichen Theoriewissen oder recherchieren Sie hierzu. Notieren Sie die entsprechenden Quellen.
6. Wählen Sie eine pädagogische Handlungsoption und begründen Sie diese fachlich.
7. Fassen Sie Ihre Erkenntnisse zusammen und formulieren Sie noch offene Fragen.

1. Beschreiben Sie die Zwickmühlensituation, die hier für Leon vorliegt.

Die Zwickmühlensituation besteht darin, dass Leon die Bedeutung des Zuckerfestes kennt, aber Felix anscheinend nicht. Leon traut sich aber aufgrund seiner Rolle als Praktikant (und/oder weil er vielleicht zu schüchtern ist) nicht, dies anzusprechen.

2. Analysieren Sie die Situation, indem Sie versuchen, die unterschiedlichen Perspektiven/Interessen der beteiligten Personen nachzuempfinden.

Leon: *Leon kennt das Zuckerfest aufgrund seiner Freundschaften. Daher ist ihm die Bedeutung bewusst. Er sieht, dass sich die Mutter und Orhun Mühe gegeben haben und sich freuen, die Backwaren der Gruppe zu spendieren. Er bemerkt, dass Felix so gut wie nichts über das Zuckerfest weiß und sich mit dem Geschenk unsicher gewesen ist. Außerdem findet Leon es schade, dass den Kindern durch Felix' Unwissen eine Chance genommen wird, mehr über das Zuckerfest zu erfahren. Leon könnte etwas sagen, tut es aber nicht, weil er sich nicht traut. Die Gründe dafür sind nicht genau bekannt. Entweder ist er zu schüchtern oder er möchte sich wegen seiner Rolle als Praktikant nicht einmischen.*

Felix: *Felix scheint kein Wissen und somit auch keinen Zugang zum Zuckerfest zu haben. Er unterlässt es nachzufragen, als die Mutter das Baklava überreicht und das Zuckerfest erwähnt. Auch dass Orhun beim Backen mitgeholfen hat, kommentiert er weder im Beisein der Mutter, noch am Frühstückstisch. Zudem übergeht Felix die Fragen der übrigen Kinder.*

Felix könnte mit Leon über die Situation in den Austausch kommen, doch dies versäumt er ebenfalls. Vielleicht ist er mit anderen Dingen beschäftigt, vielleicht ist es ihm nicht wichtig; die genauen Gründe für sein Handeln sind nicht bekannt.

Orhun und seine Mutter: *Die beiden wollen der Gruppe eine Freude mit dem Baklava machen. Beide scheinen stolz und glücklich über ihre Idee zu sein. Orhun erwähnt, dass er mitgeholfen hat. Dass Felix kaum reagiert und die Platte auf den Frühstückstisch stellt, könnte als Desinteresse wahrgenommen werden. Vielleicht verletzt das Verhalten Orhun und seine Mutter; wahrscheinlich werden sie nicht noch einmal etwas spontan mitbringen.*

Als die Kinder später nachfragen, wird Orhun erneut übergangen.

Die anderen Kinder der Gruppe: *Die Kinder zeigen Interesse am Baklava und den Gründen für das Geschenk. Ihre Neugier wird nicht befriedigt. Sie erleben Felix' Unsicherheit und Distanziertheit. Sie stellen ihre Fragen ein.*

Name:	Klasse:	Datum:	1 von 4

3. Beschreiben und begründen Sie, wie Sie selbst zu dieser Situation stehen.

Die Schüler/-innen beschreiben ihre eigene Einstellung, z. B.:

- *dass Leon etwas sagen sollte, weil…*
- *dass Leon richtig/falsch gehandelt hat, weil…*
- *dass man nicht alle Feste kennen/feiern muss, weil…*
- *dass für die Kinder die Lernerfahrung wichtig/nicht wichtig ist, weil…*
- *dass Orhun sicherlich traurig ist, weil…*
- *dass Felix sich der Mutter gegenüber nicht wertschätzend verhalten hat, weil…*
- *dass abgesprochen werden sollte, wenn etwas mitgebracht wird, weil…*
- *dass Felix sich hätte mit Leon besprechen können, weil…*
- *dass man Kenntnisse über interkulturelle Sitten und Gebräuche der Gruppenkinder haben sollte, weil...*

4. Zeigen Sie mindestens 2 mögliche Handlungsoptionen für Leon und die daraus resultierenden Konsequenzen für alle beteiligten Personen auf.

Handlungsmöglichkeit 1:

Leon teilt Felix (in der Situation oder im Nachgang) mit, dass das Zuckerfest ein wichtiger Bestandteil der muslimischen Kultur ist und er hier die Chance für die Kinder und Orhun sieht, interkulturelle Erfahrungen zu machen.

Ebenso könnte Felix den Kindern direkt mitteilen, was er weiß und so das Thema ins Gespräch bringen. Die Kinder machen somit interkulturelle Erfahrungen, Orhuns Bemühen wird wertgeschätzt.

Die Konsequenzen könnten sein, dass Felix seinen Praktikanten als vorlaut empfindet und ihn vielleicht sogar zurechtweist, wenn er im Beisein der Mutter agiert und Felix damit bloßstellt. Je nachdem, ob sich Felix angegriffen fühlt, könnte sich dies auf die Beziehung/Kommunikation der beiden auswirken und Leon mit einem minderwertigen Gefühl aus der Situation gehen.

Die Konsequenz könnte aber auch sein, dass Felix seinem Praktikanten dankbar ist für sein weitergegebenes Wissen und dieses als Bereicherung ansieht. Beide begegnen sich auf Augenhöhe.

Handlungsmöglichkeit 2:

Leon sagt nichts, daher findet kein interkultureller Austausch statt und das Bemühen Orhuns und seiner Mutter wird ignoriert – zumindest vonseiten der Erzieher.

Name: | Klasse: | Datum: | 2 von 4

5. Verknüpfen Sie die Situation mit Ihrem wissenschaftlichen Theoriewissen oder recherchieren hierzu. Notieren Sie die entsprechenden Quellen.

Mögliche theoretische Anbindung:

- *interkulturelle Erziehung*
- *Erziehungs- und Bildungspartnerschaft*
- *Empathie/Wertschätzung*
- *Kommunikation/Konfliktbewältigung*
- *Rolle von Praktikanten*
- *Erkennen von Lernchancen im Alltag*
- *Feste und Feiern in anderen Kulturen*

6. Wählen Sie eine pädagogische Handlungsoption und begründen Sie diese fachlich.

Die Schüler/-innen beschreiben die gewählte pädagogische Handlungsweise und begründen diese aufgrund ihrer möglichen theoretischen Anbindung. Eventuell nehmen sie Abstand von ihrer eigenen Einstellung zur Situation, da das professionelle Handeln in den Vordergrund gestellt wird.

7. Fassen Sie Ihre Erkenntnisse zusammen und formulieren Sie noch offene Fragen.

Mögliche Erkenntnisse:

- *Interkulturelle Arbeit kann in Alltagssituationen stattfinden.*
- *In der pädagogischen Arbeit ist interkulturelles Wissen von großer Bedeutung.*
- *Unabhängig von der Rolle einer Person in der Einrichtung sollten die Kinder und deren Bedürfnisse im Vordergrund stehen.*

Mögliche Fragen:

- *Was weiß ich über das „Zuckerfest"?*
- *Wie hätte ich in der Situation reagiert?*
- *Wie erlebe ich mich in der Rolle als Praktikant?*
- *Welche (inter-) kulturellen Hintergründe gibt es in meiner Praktikumseinrichtung? Was sollte ich darüber wissen?*
- *Erkenne ich Lernchancen, wenn sie sich anbieten?*
- *Würde ich die Situation gegenüber Orhun und seiner Mutter noch einmal ansprechen, wenn ich mich gegen den Austausch mit Felix entschieden hätte?*
- *Wie wichtig ist für mich interkulturelles Wissen?*

Anregungen für die weitere Planung/Gestaltung des Unterrichts:

- *Rollenspiel: Felix und Leon – Felix, Mutter und Orhun – Felix, Orhun und die anderen Kinder*
- *theoretische Aufarbeitung interkultureller Feste*
- *ein Zuckerfest vorbereiten/feiern*
- *feststellen, welche unterschiedlichen (inter-) kulturellen Hintergründe es in der Klasse gibt und diese entsprechend erarbeiten/erlebbar machen*
- *Rollenerwartungen erarbeiten*
- *weitere Beispiele finden, in denen sich Lernchancen im Alltag ergeben*

Situation 11 – NAH, NÄHER, ZU NAH

Lisbeth ist 5;1 Jahre alt und besucht seit ihrem 3. Lebensjahr den Kindergarten *Pusteblume*. Sie ist die älteste von 4 Kindern in der Familie.

Alina ist Erzieherin und hat vor 3 Monaten ihre erste Stelle in der Einrichtung *Pusteblume* angetreten. Lisbeth gehört zu ihrer Gruppe.

Im Gruppenalltag weicht Lisbeth Alina nicht von der Seite. Das Mädchen möchte mit Alina spielen, mit ihr am Frühstückstisch sitzen, auf dem Spielplatz bei ihr sein, in der Kuschelecke auf ihrem Schoß Platz nehmen. Alina weiß, dass Lisbeth es zu Hause nicht leicht hat. Sie wird als ältestes Kind oft übersehen. Die Eltern scheinen überfordert zu sein, schicken ihr Kind manchmal in beschmutzter Kleidung in die Einrichtung, vergessen ihr ein Brot mitzugeben. Oft ist Lisbeth das letzte Kind, das abgeholt wird. Das Mädchen sehnt sich von ganzem Herzen nach emotionaler Aufmerksamkeit seitens eines Erwachsenen. Das Problem ist, dass Alina keinen Zugang zu Lisbeth findet. Die ständige Nähe ist ihr zu viel, sie fühlt sich bedrängt und eingeengt. Wenn Lisbeth nicht da ist, atmet Alina insgeheim auf. Sie fragt sich, ob das Mädchen nicht spürt, dass sie eigentlich die falsche Bezugsperson ist. Ab und zu verhält sie sich absichtlich abweisend der Kleinen gegenüber. Doch je mehr Alina versucht, sie von sich zu weisen oder mit anderen Kindern in Kontakt zu bringen, desto enger scheint Lisbeth sich an sie zu klammern.

1. Beschreiben Sie die Zwickmühlensituation, die hier für Alina vorliegt.
2. Analysieren Sie die Situation, indem Sie versuchen, die unterschiedlichen Perspektiven/Interessen der beteiligten Personen nachzuempfinden.
3. Beschreiben und begründen Sie, wie Sie selbst zu dieser Situation stehen.
4. Zeigen Sie mindestens 2 mögliche Handlungsoptionen für Alina und die daraus resultierenden Konsequenzen für alle beteiligten Personen auf.
5. Verknüpfen Sie die Situation mit Ihrem wissenschaftlichen Theoriewissen oder recherchieren hierzu. Notieren Sie die entsprechenden Quellen.
6. Wählen Sie eine pädagogische Handlungsoption und begründen Sie diese fachlich.
7. Fassen Sie Ihre Erkenntnisse zusammen und formulieren Sie noch offene Fragen.

1. Beschreiben Sie die Zwickmühlensituation, die hier für Alina vorliegt.

Die Zwickmühle besteht darin, dass Lisbeth Alina sehr gern hat, Alina aber keinen Zugang zu ihr findet und ihre Nähe als Bedrängnis erlebt, obwohl ihr bewusst ist, wie wichtig positive Bindungserfahrungen sind.

2. Analysieren Sie die Situation, indem Sie versuchen, die unterschiedlichen Perspektiven/Interessen der beteiligten Personen nachzuempfinden.

Alina: *Alina müsste als Erzieherin eigentlich alle Kinder gleichbehandeln und keines bevorzugen oder benachteiligen – gerade dann nicht, wenn diese ein starkes Bedürfnis nach Nähe haben. Hier müsste sie eine professionelle Haltung und entsprechende Umgangsweisen zeigen. Doch dadurch, dass Alina das Mädchen als „zu nah" empfindet, stellt sie ihre Emotionen über ihre professionelle Haltung und beginnt, sich gegen die Nähe zu wehren. Sie befindet sich in einem emotionalen Konflikt, weil sie weiß, dass Lisbeth aus einem tiefen Bedürfnis heraus handelt und sie dem Kind nicht das geben kann, was es bei ihr sucht. Die Abwesenheit des Mädchens erleichtert sie.*

Lisbeth: *Als Älteste ihrer 4 Kinder wird das Mädchen wenig von den Eltern beachtet. Daraus resultiert allerdings, dass sich Lisbeth wünscht, gesehen und als wichtig erachtet zu werden. Daher hat sie sich eine andere Bezugsperson ausgesucht: Alina. Warum es gerade eine Person ist, die diese Gefühle nicht erwidert, bleibt ungeklärt. Wahrscheinlich spürt sie, dass sie von Alina nicht das erhält, was sie sich eigentlich wünscht, dennoch ignoriert Lisbeth ihr abweisendes Verhalten. Trotz alledem mag sie Alina. Wenn Lisbeth in Alinas Nähe ist, scheint sie sich wohlzufühlen und kontaktiert keine anderen Kinder oder Erzieher.*

3. Beschreiben und begründen Sie, wie Sie selbst zu dieser Situation stehen.

Die Schüler/-innen beschreiben ihre eigene Einstellung, z. B.:

- *dass Alinas Gefühle nachvollziehbar sind, weil…*
- *dass Alina sich zusammenreißen muss, weil…*
- *dass das Kind einem leidtun sollte, weil…*
- *dass Alina stärker versuchen sollte, Lisbeth mit anderen Kindern in Kontakt zu bringen, weil…*
- *dass ein Gespräch mit den Eltern angestrebt werden sollte, weil…*
- *dass sich Alina mit ihrem Team abstimmen sollte, um Lösungen zu finden, weil…*
- *dass dem Kind Grenzen aufgezeigt werden müssen, weil...*
- *(…)*

4. Zeigen Sie mindestens 2 mögliche Handlungsoptionen für Alina und die daraus resultierenden Konsequenzen für alle beteiligten Personen auf.

Handlungsmöglichkeit 1:

Alina belässt alles so, wie es ist und „erträgt" Lisbeths Nähe. Sie arbeitet damit aber gegen ihr Gefühl. Auch wenn es nicht laut ausgesprochen wird, spürt Lisbeth sicherlich die heimliche Ablehnung. Auf Dauer gesehen wird es beiden damit nicht gut gehen. Alina wird weiterhin froh sein, wenn Lisbeth nicht in den Kindergarten kommt. Das Kind wird merken, dass es unerwünscht ist. Das Ganze läuft auf eine weitere schlechte Bindungserfahrung für Lisbeth hinaus.

Handlungsmöglichkeit 2:

Alina zeigt dem Kind gegenüber noch deutlicher ihre Abneigung und verbalisiert vielleicht auch entsprechende Forderungen („Lass mich mal in Ruhe.", „Geh mal mit den anderen Kindern spielen!" etc.). Die Konsequenzen wären ähnlich wie in Handlungsoption 1, eventuell aber noch drastischer, da Alina im Grunde weiß, dass sie unprofessionell handelt, indem sie das Kind abweist. Erneut erfährt Lisbeth, dass ihr Bedürfnis nach Nähe nicht gestillt wird.

Handlungsmöglichkeit 3:

Alina sucht das Gespräch mit ihren Kollegen aus dem Gruppenteam. Dadurch, dass sie offen ihre Gefühle zeigt und diese verbalisiert, könnte sich schon einiges bei ihr lösen und sie kann vielleicht benennen, warum sie zu Lisbeth keinen Zugang findet. Sicherlich wird sie sich erleichtert fühlen. Das Team könnte versuchen, Alina zu entlasten, indem eine andere pädagogische Fachkraft mehr Kontakt zu dem Mädchen aufnimmt, sodass Lisbeth sich umorientieren kann. Ob das allerdings umsetzbar ist, bleibt abzuwarten.

Weitere Handlungsmöglichen wären:

- *Eigenreflexion (Warum finde ich keinen Zugang zum Kind?)*
- *Elterngespräche (Wie ist die Eltern-Kind-Bindung? Welche Hilfe könnten die Eltern brauchen?)*
- *professionelle Hilfe/Beratung/Supervision aufsuchen etc.*

5. Verknüpfen Sie die Situation mit Ihrem wissenschaftlichen Theoriewissen oder recherchieren hierzu. Notieren Sie die entsprechenden Quellen.

Mögliche theoretische Anbindung:

- *Bindungstheorien*
- *professionelles Handeln*
- *Erziehungs- und Bildungspartnerschaft*
- *Selbstreflexion*
- *kollegiale Beratung*
- *Supervision*
- *Nähe und Distanz*
- *Kindeswohl*

6. Wählen Sie eine pädagogische Handlungsoption und begründen Sie diese fachlich.

Die Schüler/-innen beschreiben die gewählte pädagogische Handlungsweise und begründen diese aufgrund ihrer möglichen theoretischen Anbindung. Eventuell nehmen sie Abstand von ihrer eigenen Einstellung zur Situation, da das professionelle Handeln in den Vordergrund gestellt wird.

7. Fassen Sie Ihre Erkenntnisse zusammen und formulieren Sie noch offene Fragen.

Mögliche Erkenntnisse:

- *Die Macht der Gefühle ist auch bei professionellem Handeln nicht zu unterschätzen.*
- *Kinder suchen sich manchmal Bezugspersonen aus, die ihnen nicht das geben können, was sie wünschen/brauchen.*
- *Ein gut funktionierendes und offenes Team kann eine gute Hilfestellung in solchen Situationen sein und dieser Rückhalt sollte unbedingt genutzt werden.*

Mögliche Fragen:

- *Was passiert, wenn Lisbeth keine andere Bezugsperson akzeptiert?*
- *Wie könnte ein Elterngespräch aufgebaut sein?*
- *Welche Gründe könnte es dafür geben, ein Kind abzulehnen?*
- *Ist die Vernachlässigung von Lisbeth bereits so gravierend, dass hier gehandelt werden sollte?*

Anregungen für die weitere Planung/Gestaltung des Unterrichts:

- *kollegiale Beratung im Rollenspiel durchführen*
- *Kenntnisse über Supervision erlangen*
- *Theoriewissen über Bindung vertiefen*
- *Ich-Botschaften formulieren: Welche Wünsche/Bedürfnisse hat Alina? Welche Wünsche/Bedürfnisse hat Lisbeth?*
- *Elterngespräch im Rollenspiel durchführen*
- *Ab wann wird bei Vernachlässigung von Kindeswohlgefährdung gesprochen?*

Situation 12 – WER ZAHLT DEN PREIS?

„Super, dann halten wir das jetzt fest: Am 13. Juni fahren wir mit der Gruppe in den Zoo und dafür sammeln wir von jedem Kind 5 Euro für den Bus ein. Wir kündigen das morgen an, die Eltern haben 4 Wochen Zeit zu zahlen. Wenn nach 2 Wochen noch keine Zahlung erfolgt ist, sprechen wir sie persönlich an", sagt Svetlana und räumt zufrieden die Unterlagen der Teamsitzung zur Seite.

Nach 2 Wochen haben die Eltern von Greta noch nicht gezahlt. Svetlana macht die Mutter darauf aufmerksam: „Denken Sie bitte an das Geld für den Ausflug? Es wäre doch schade, wenn Greta nicht mitkäme und in einer anderen Gruppe bleiben müsste." Die Mutter von Greta nickt. „Nein, das soll sie auf keinen Fall. Ich bringe das Geld gleich morgen mit."

Eine Woche später ist noch immer nicht gezahlt worden. Nun geht Christoph, der Kollege von Svetlana, auf den Vater zu: „Wir machen ja nächste Woche den Ausflug in den Zoo. Die Kinder freuen sich schon sehr darauf, Greta auch. Aber wir brauchen noch die 5 Euro für den Bus von Ihnen." „Ich hab jetzt gar kein Geld dabei", sagt der Vater und verspricht, es am Mittag, beim Abholen, mitzubringen. Doch wieder wird nicht gezahlt.

In den folgenden Tagen sprechen Svetlana und Christoph die Eltern immer wieder an und schließlich sagt Svetlana zur Mutter: „Wenn Sie die 5 Euro gerade nicht aufbringen können, finden wir sicherlich eine Lösung!" Energisch schüttelt diese den Kopf: „Nein, nein, ich hab es nur vergessen. Wir werden ja noch 5 Euro bezahlen können!"

Der Tag des Ausflugs ist da. Greta steht mit ihrer Mutter in der Tür. Sie hat kein Geld dabei.

1. Beschreiben Sie die Zwickmühlensituation, die hier für Svetlana und Christoph vorliegt.
2. Analysieren Sie die Situation, indem Sie versuchen, die unterschiedlichen Perspektiven/Interessen der beteiligten Personen nachzuempfinden.
3. Beschreiben und begründen Sie, wie Sie selbst zu dieser Situation stehen.
4. Zeigen Sie mindestens 2 mögliche Handlungsoptionen für Svetlana und Christoph und die daraus resultierenden Konsequenzen für alle beteiligten Personen auf.
5. Verknüpfen Sie die Situation mit Ihrem wissenschaftlichen Theoriewissen oder recherchieren Sie hierzu. Notieren Sie die entsprechenden Quellen.
6. Wählen Sie eine pädagogische Handlungsoption und begründen Sie diese fachlich.
7. Fassen Sie Ihre Erkenntnisse zusammen und formulieren Sie noch offene Fragen.

1. Beschreiben Sie die Zwickmühlensituation, die hier für Svetlana und Christoph vorliegt.

Die Zwickmühlensituation für Svetlana und Christoph besteht darin zu entscheiden, ob Greta an dem Ausflug teilnehmen darf oder nicht.

2. Analysieren Sie die Situation, indem Sie versuchen, die unterschiedlichen Perspektiven/Interessen der beteiligten Personen nachzuempfinden.

Eltern von Greta: *Über die Gründe, weshalb Gretas Eltern das Fahrgeld nicht zahlen, ist nichts bekannt. Wollen sie nicht zahlen? Oder können sie es nicht? Oder wird es tatsächlich ständig vergessen? Beide Elternteile geben an, dass ihr Kind auf jeden Fall mitfahren und nicht in eine andere Gruppe gehen soll. Dennoch denken sie nicht an das Geld. Es bleiben viele Fragen zum Verhalten der Eltern offen, da sie auch Unterstützung ablehnen. Möglicherweise würden sie das Geld nachreichen, doch sicher ist das nicht.*

Svetlana und Christoph: *Die beiden erinnern die Eltern immer wieder an das Geld und bieten auch Unterstützung an. Sie zeigen die Konsequenz für Greta auf, falls die Eltern ihren Beitrag nicht leisten. Dennoch zahlen die Eltern nicht.*

Da die beiden so oft die Eltern ansprechen, wünschen sie sich wahrscheinlich, dass Greta mitfahren kann und nicht enttäuscht ist, wenn sie im Kindergarten bleiben muss. Dass die Eltern nicht zahlen, führt zu Verunsicherungen. Das Handeln der Eltern bleibt unklar und nun stehen Svetlana und Christoph vor der Entscheidung: Darf das Kind mitfahren?

Greta: *Wahrscheinlich freut sich Greta auf den Ausflug und bekommt die aufgeregte Stimmung und neugierige Spannung der anderen Kinder in der Gruppe mit. Ob sie weiß, dass ihre Teilnahme unklar ist, ist nicht bekannt. Dennoch würde sie wahrscheinlich sehr enttäuscht sein, nicht mitfahren zu können.*

Name: | Klasse: | Datum:

3. Beschreiben und begründen Sie, wie Sie selbst zu dieser Situation stehen.

Die Schüler/-innen beschreiben ihre eigene Einstellung, z. B.:

- *dass Greta nicht mitfahren darf, weil…*
- *dass Greta nicht unter dem Versäumnis der Eltern leiden darf, weil…*
- *dass es immer wieder Eltern gibt, die sich vor Zahlungen „drücken" und man da nichts machen kann, weil…*
- *dass man sich wegen 5 Euro nicht so anstellen sollte, weil…*
- *dass alle Eltern und somit alle Kinder gleichbehandelt werden sollten, weil…*
- *(…)*

4. Zeigen Sie mindestens 2 mögliche Handlungsoptionen für Svetlana und Christoph und die daraus resultierenden Konsequenzen für alle beteiligten Personen auf.

Handlungsmöglichkeit 1:

Greta bleibt in der Kita und muss in eine andere Gruppe gehen, solange die eigene beim Ausflug ist. Dies hätte weitreichende Konsequenzen, denn die anderen Kinder erzählen sicherlich immer wieder von dem Ausflug. Die Erzieher greifen vielleicht zukünftig Inhalte auf, der Ausflug würde in den nächsten Wochen Gesprächsthema sein und Greta würde jedes Mal außen vor stehen.

Außerdem könnte sie traurig, aber auch wütend auf ihre Eltern/die Erzieher sein, weil sie die Leidtragende in der Situation ist.

Wie die Eltern darauf reagieren würden, bleibt spekulativ (verärgert, beschämt, traurig, aggressiv, gleichgültig etc.).

Handlungsmöglichkeit 2:

Greta darf mitfahren. Sie erlebt sich somit als Teil der Gemeinschaft.

Die Eltern würden die Erfahrung machen, dass es anscheinend doch nicht so schlimm ist, wenn Forderungen nicht eingehalten werden. Auf der anderen Seite würden sie vielleicht auch die Großzügigkeit der Erzieher zu schätzen wissen, wenn die beiden ein Auge zudrücken und ihre Tochter mitfahren lassen.

Da Svetlana und Christoph stets im Sinne des Kindes handeln sollten, wäre es sehr schade, wenn Greta von der gemeinsamen Unternehmung ausgeschlossen würde. Das Geld kann aus der Gruppenkasse vorgestreckt werden. Die Eltern sollten nochmals darauf hingewiesen werden, es zurückzuzahlen.

Andererseits machen sie sich den Eltern gegenüber unglaubwürdig, wenn sie Greta mitnehmen.

5. Verknüpfen Sie die Situation mit Ihrem wissenschaftlichen Theoriewissen oder recherchieren hierzu. Notieren Sie die entsprechenden Quellen.

Mögliche theoretische Anbindung:

- *Erziehungs- und Bildungspartnerschaft*
- *Kindeswohl*
- *Konfliktbewältigung*

6. Wählen Sie eine pädagogische Handlungsoption und begründen Sie diese fachlich.

Die Schüler/-innen beschreiben die gewählte pädagogische Handlungsweise und begründen diese aufgrund ihrer möglichen theoretischen Anbindung. Eventuell nehmen sie Abstand von ihrer eigenen Einstellung zur Situation, da das professionelle Handeln in den Vordergrund gestellt wird.

7. Fassen Sie Ihre Erkenntnisse zusammen und formulieren Sie noch offene Fragen.

Mögliche Erkenntnisse:

- *Zwickmühlensituationen lassen sich nicht immer vermeiden, auch wenn viel dafür getan wird.*

Mögliche Fragen:

- *Warum haben Gretas Eltern so gehandelt?*
- *Würde ich das Risiko der Unglaubwürdigkeit eingehen und im Sinne des Kindes handeln? Wie kann ich zukünftig damit umgehen?*
- *Was mache ich, wenn die Eltern beim Abholen von Greta nach dem Ausflug wieder kein Geld dabeihaben?*
- *Was mache ich mit Greta, wenn der Ausflug zukünftig immer wieder in der Gruppe thematisiert wird und sie nicht mitgefahren ist?*

Anregungen für die weitere Planung/Gestaltung des Unterrichts:

- *Rollenspiel: Mutter/Svetlana/Christoph/Greta*
- *Ich-Botschaften formulieren: Was möchte/braucht jede beteiligte Person?*
- *Diskussion: Führen von Gruppen- bzw. Notfallkassen?*
- *Situation: Greta fährt nicht mit. Wie kann das Kind dennoch miteinbezogen werden? (Ideensammlung im Plenum)*

Name: | Klasse: | Datum: | 4 von 4

Situation 13 – MIT ESSEN WIRD NICHT GESPIELT

Fiona (3;3 Jahre) sitzt am Frühstückstisch und isst Frühstücksflocken mit Milch. Interessiert beobachtet sie, wie die Flocken in der Milch schwimmen, sich vollsaugen und weich werden, z.T. untergehen. Sie patscht mit ihrem Löffel darauf, nimmt ein paar mit den Fingern hoch, lässt sie in die Schüssel zurückplumpsen, rührt mit dem Finger in der Milch herum und spritzt dabei den Frühstückstisch voll.

Samuel, der mit am Tisch sitzt, ruft: „Igitt, ich bin voller Milch!" Aber Fiona lässt sich nicht abhalten. Sie isst einen Löffel voll, nimmt dann neue Frühstücksflocken und betrachtet erneut voller Freude, wie sie sich verändern, sobald Milch hinzukommt. Sie ruft die Erzieherin Valeria, um von ihren Erlebnissen zu berichten. Valeria geht zu ihr und blickt die Kleine erstaunt an.

1. Beschreiben Sie die Zwickmühlensituation, die hier für Valeria vorliegt.
2. Analysieren Sie die Situation, indem Sie versuchen, die unterschiedlichen Perspektiven/Interessen der beteiligten Personen nachzuempfinden.
3. Beschreiben und begründen Sie, wie Sie selbst zu dieser Situation stehen.
4. Zeigen Sie mindestens 2 mögliche Handlungsoptionen für Valeria und die daraus resultierenden Konsequenzen für alle beteiligten Personen auf.
5. Verknüpfen Sie die Situation mit Ihrem wissenschaftlichen Theoriewissen oder recherchieren hierzu. Notieren Sie die entsprechenden Quellen.
6. Wählen Sie eine pädagogische Handlungsoption und begründen Sie diese fachlich.
7. Fassen Sie Ihre Erkenntnisse zusammen und formulieren Sie noch offene Fragen.

1. Beschreiben Sie die Zwickmühlensituation, die hier für Valeria vorliegt.

Die Zwickmühlensituation besteht darin, dass Valeria entscheiden muss, ob Fiona weiter mit dem Essen experimentieren darf oder nicht.

2. Analysieren Sie die Situation, indem Sie versuchen, die unterschiedlichen Perspektiven/Interessen der beteiligten Personen nachzuempfinden.

Fiona: *Das Mädchen hat Lust und Freude am Experimentieren und zeigt dies in ihrem Verhalten. Sie ist interessiert daran, was beim Aufweichen der Frühstücksflocken geschieht und wie sich Konsistenzen verändern. Sie will diesen Prozess genau beobachten. Dass sie am Frühstückstisch sitzt und andere Kinder dabei in Mitleidenschaft gezogen werden, fällt Fiona gar nicht auf. Auch hat sie vielleicht vergessen, dass am Frühstückstisch Regeln gelten.*

Valeria: *Mit großer Wahrscheinlichkeit ist Valeria bewusst, dass ihre Aufgabe darin besteht, den Kindern die Esskultur nahezubringen und dass dies in ihrem pädagogischen Handeln berücksichtigt werden sollte. Jedoch sieht sie vielleicht auch, dass Fiona gerade mitten in einem Lernprozess steckt, der ihr große Freude bereitet. Valeria steht nun vor der Herausforderung, pädagogisch sinnvoll für das Kind zu handeln: Soll Fiona lernen, dass am Tisch nicht mit Essen gespielt wird oder soll sie ihrer Experimentierfreude nachgehen dürfen?*

Samuel: *Samuel ist der Leidtragende in der Situation, er bekommt die Milchspritzer ab. Obwohl er sich beschwert, wird er nicht gehört.*

Name:	Klasse:	Datum:	1 von 4

3. Beschreiben und begründen Sie, wie Sie selbst zu dieser Situation stehen.

Die Schüler/-innen beschreiben ihre eigene Einstellung, z. B.:

- *dass mit Essen nicht gespielt wird, weil…*
- *dass Kinder Kinder sind, auch bei Tisch. Da darf es schon mal wilder zugehen und der Frühstückstisch entsprechend aussehen, weil…*
- *dass Fiona so lange mit dem Essen spielen darf, wie keine anderen Kinder in Mitleidenschaft gezogen werden, weil…*
- *dass es im Kindergarten keine Frühstücksflocken gibt, weil…*
- *(…)*

4. Zeigen Sie mindestens 2 mögliche Handlungsoptionen für Valeria und die daraus resultierenden Konsequenzen für alle beteiligten Personen auf.

Handlungsmöglichkeit 1:

Die Erzieherin verbietet Fiona das Spielen mit dem Essen und mahnt, die Flocken nun „vernünftig" und ohne zu spielen aufzuessen. Fiona aus ihrem Spiel herauszureißen hätte eventuell die Konsequenz, dass sie in ihrem Lernprozess unterbrochen wird und sich diesem auch später nicht mehr widmen möchte.

Handlungsmöglichkeit 2:

Valeria geht auf das ein, was Fiona ihr berichten will, setzt sich eventuell auch dazu, zeigt Interesse und lobt sie für ihre Beobachtungen. Dadurch würde Fiona sich in ihrer Experimentierfreude bestärkt fühlen. Es könnten weitere Experimente mit dem Essen folgen, die sie dann ebenfalls zeigen möchte.

Handlungsmöglichkeit 3:

Wie in Handlungsoption 2 beschrieben, verhält sich Valeria positiv dem Verhalten des Kindes gegenüber, zeigt aber auch Grenzen auf, z. B. dass Samuel nicht mit Milch bespritzt werden darf, und sie verweist auf die geltenden Regeln am Frühstückstisch. Sie lässt Fiona den Tisch ansehen und ihn von ihr reinigen. Die Erzieherin kann ihr dabei helfen. Bei Samuel sollte sich Fiona entschuldigen.

Valeria könnte Fiona auch anbieten, im Waschraum mit anderen Materialien zu experimentieren.

Das pädagogische Handeln der Erzieherin hätte somit die Konsequenz, dass sich Fiona mit ihrem Vorhaben ernst genommen fühlt, aber auch Rücksichtnahme erlernt. Außerdem reinigt sie den Tisch und erweitert damit ihre lebenspraktischen Kompetenzen.

Wenn die Erzieherin ihr anbietet, weiter zu experimentieren, lernt sie, dass ihre Interessen aufgegriffen werden und sie selbstwirksam ist. Sie vertieft Ursache- und Wirkungszusammenhänge, konstruiert diese selbst und experimentiert damit.

5. Verknüpfen Sie die Situation mit Ihrem wissenschaftlichen Theoriewissen oder recherchieren hierzu. Notieren Sie die entsprechenden Quellen.

Mögliche theoretische Anbindung:

- *Normen und Werte*
- *Entwicklungspsychologie*
- *haptische Wahrnehmung*
- *lebenspraktische Übungen*
- *Experimente*
- *Sozialverhalten*

6. Wählen Sie eine pädagogische Handlungsoption und begründen Sie diese fachlich.

Die Schüler/-innen beschreiben die gewählte pädagogische Handlungsweise und begründen diese aufgrund ihrer möglichen theoretischen Anbindung. Eventuell nehmen sie Abstand von ihrer eigenen Einstellung zur Situation, da das professionelle Handeln in den Vordergrund gestellt wird.

Name: | Klasse: | Datum: | 3 von 4

7. Fassen Sie Ihre Erkenntnisse zusammen und formulieren Sie noch offene Fragen.

Mögliche Erkenntnisse:

- *Normen/Werte und Lernprozesse können sich manchmal gegenseitig im Weg stehen.*
- *Lernprozesse finden überall statt, auch beim Frühstücken!*

Mögliche Fragen:

- *Kann ich es aushalten, dass ein Kind mit Essen spielt?*
- *Würde ich eine solche Situation als Lernsituation erkennen?*

Anregungen für die weitere Planung/Gestaltung des Unterrichts:

- *Vorschlag formulieren, das Experimentieren im Waschraum fortzusetzen in leicht verständlicher Sprache und wörtlicher Rede*
- *vergleichbare Experimente zu denen Fionas finden, die außerhalb des Frühstückstischs durchgeführt werden können*
- *Tischregeln und deren Sinn diskutieren*

Name: | Klasse: | Datum: | 4 von 4

Situation 14 – DAS FÜHLT SICH GUT AN!

Karl (3;2 Jahre) fühlt sich pudelwohl in seiner Kindergartengruppe. Hannah, die Praktikantin, sitzt mit Karl und 3 anderen Kindern in der Kuschelecke und liest ein Buch vor. Dabei sieht sie, wie Karls Hand in seiner Hose verschwindet und er verklärt an seinem Penis zu spielen beginnt. Die anderen Kinder beachten Karls Verhalten nicht, doch Hannah fühlt sich zunehmend unbehaglich und hat den Wunsch, die Situation zu verlassen.

Aus dem Unterricht weiß sie, dass sich Kinder in diesem Alter mit ihrem Körper beschäftigen und hier ein normales Entwicklungsverhalten vorliegt.

1. Beschreiben Sie die Zwickmühlensituation, die hier für Hannah vorliegt.
2. Analysieren Sie die Situation, indem Sie versuchen, die unterschiedlichen Perspektiven/Interessen der beteiligten Personen nachzuempfinden.
3. Beschreiben und begründen Sie, wie Sie selbst zu dieser Situation stehen.
4. Zeigen Sie mindestens 2 mögliche Handlungsoptionen für Hannah und die daraus resultierenden Konsequenzen für alle beteiligten Personen auf.
5. Verknüpfen Sie die Situation mit Ihrem wissenschaftlichen Theoriewissen oder recherchieren hierzu. Notieren Sie die entsprechenden Quellen.
6. Wählen Sie eine pädagogische Handlungsoption und begründen Sie diese fachlich.
7. Fassen Sie Ihre Erkenntnisse zusammen und formulieren Sie noch offene Fragen.

1. Beschreiben Sie die Zwickmühlensituation, die hier für Hannah vorliegt.

Hannah weiß nicht, ob sie ihrem Gefühl des Unwohlseins oder ihrem Wissen über die Entwicklung des Kindes nachkommen soll.

2. Analysieren Sie die Situation, indem Sie versuchen, die unterschiedlichen Perspektiven/Interessen der beteiligten Personen nachzuempfinden.

Karl: *Kinder in Karls Alter entdecken ihren Körper und machen Erfahrungen damit, was sich gut anfühlt. Er geht in dieser entspannten Situation einem Bedürfnis nach, das ihm ein Wohlbefinden bietet und handelt, ohne darüber nachzudenken, dass sein Verhalten als unangemessen bewertet werden könnte.*

Hannah: *Die Praktikantin fühlt sich unwohl in der Situation und möchte diese eigentlich gern verlassen. Sie hat gelernt, dass in der Gesellschaft sexuelle Befriedigung nicht öffentlich stattfindet. Dennoch weiß sie, dass Kinder in diesem Alter körperliche Erfahrungen mit sich selbst machen und diese in ihrer Entwicklung als normal angesehen werden. Daraus resultiert, dass sie sich unsicher fühlt und nicht weiß, wie sie handeln soll.*

Die anderen Kinder: *Die anderen Kinder bemerken Karls Verhalten nicht bzw. lassen dieses unkommentiert. Für Kinder sind das eigene sexuelle Lustempfinden und das Bedürfnis dem nachzukommen oft weniger problematisch als für Erwachsene.*

Name: | Klasse: | Datum: | 1 von 4

3. Beschreiben und begründen Sie, wie Sie selbst zu dieser Situation stehen.

Die Schüler/-innen beschreiben ihre eigene Einstellung, z. B.:

- *dass es normal ist, dass Kinder ihre Geschlechtsteile öffentlich berühren, weil…*
- *dass man Karl darauf aufmerksam machen soll/muss, dass die Geschlechtsteile nicht in der Öffentlichkeit berührt werden, weil…*
- *dass Hannahs Unwohlsein nachvollziehbar/nicht nachvollziehbar ist, weil…*
- *(…)*

4. Zeigen Sie mindestens 2 mögliche Handlungsoptionen für Hannah und die daraus resultierenden Konsequenzen für alle beteiligten Personen auf.

Handlungsmöglichkeit 1:

Hannah macht Karl darauf aufmerksam, dass er seine Hand aus der Hose nehmen soll. Dies kann natürlich in unterschiedlichen Qualitäten stattfinden, z. B. mit einer hohen Bewertung („Das macht man nicht!", „Wir wollen nicht sehen, dass du deinen Penis anfasst.") oder emphatisch, indem sie ihn kurz darum bittet („Karl, bitte nimm deine Hand aus der Hose.") etc.

Weiterhin kann sie dies leise zu ihm sagen, sodass die anderen Kinder es nicht mitbekommen oder ihn öffentlich darauf hinweisen. Je nach Tonlage und Wortwahl wird Karl die Aussagen von Hannah unterschiedlich empfinden. Ein bisher nicht vorhandenes Scham-/Schuldgefühl könnte sich entwickeln, weil Hannah unsensibel reagiert.

Hannah würde sich besser fühlen, hätte aber gegen ihr Wissen über sexuelle Entwicklungsprozesse gehandelt.

Handlungsmöglichkeit 2:

Hannah reagiert auf Karls Verhalten nicht, fühlt sich aber weiterhin unwohl. Sie hat gelernt, dass sexuelle Befriedigung nicht öffentlich stattfindet und empfindet anscheinend Karls Verhalten als unangenehm. Sie befindet sich in einem Spannungsverhältnis zwischen dem Wissen, das sie aus dem Unterricht hat und dem, was sie gerade erlebt. Wahrscheinlich wird sie die Situation schnell beenden wollen. Eine Konsequenz wäre, dass sie auch zukünftig ähnlichen Situationen aus dem Weg geht, wenn sie diese nicht reflektiert.

Handlungsmöglichkeit 3:

Hannah nimmt wortlos Karls Arm und zieht diesen aus der Hose. Karl wird überrascht und irritiert sein und Hannahs Verhalten nicht einschätzen können. Es bleibt seiner Fantasie überlassen, was er „falsch" gemacht hat. Langfristig gesehen kann dies zu Bindungsstörungen zwischen Hannah und ihm führen und er wird nicht mehr frei und ungezwungen seinen Bedürfnissen nachkommen.

5. Verknüpfen Sie die Situation mit Ihrem wissenschaftlichen Theoriewissen oder recherchieren hierzu. Notieren Sie die entsprechenden Quellen.

Mögliche theoretische Anbindung:

- *Sexualentwicklung des Kindes*
- *Sexualerziehung*

6. Wählen Sie eine pädagogische Handlungsoption und begründen Sie diese fachlich.

Die Schüler/-innen beschreiben die gewählte pädagogische Handlungsweise und begründen diese aufgrund ihrer möglichen theoretischen Anbindung. Eventuell nehmen sie Abstand von ihrer eigenen Einstellung zur Situation, da das professionelle Handeln in den Vordergrund gestellt wird.

7. Fassen Sie Ihre Erkenntnisse zusammen und formulieren Sie noch offene Fragen.

Mögliche Erkenntnisse:

- *Auch Kinder haben eine Sexualität.*
- *Eigene Moralvorstellungen/das gelernte Verhalten können pädagogischem Handeln im Weg stehen.*
- *Es ist wichtig, sich mit der Entwicklung des Kindes auseinanderzusetzen.*

Mögliche Fragen:

- *Wenn Hannah Karl das Streicheln verbietet: Sollte sie dies begründen?*
- *Wie wäre meine Reaktion in einer solchen Situation?*
- *Wie stehe ich zu dem Thema Sexualität?*
- *Verhalten sich Jungen und Mädchen bezüglich ihrer Sexualität in der Kindheit gleich?*
- *Wie viel sexuelles Entdecken innerhalb einer Kita-Gruppe ist vertretbar? An welcher Stelle könnte es problematisch werden?*

Anregungen für die weitere Planung/Gestaltung des Unterrichts:

- *Die Schülerinnen und Schüler setzen sich zunächst mit ihrer eigenen Sexualität und ihren Moralvorstellungen auseinander.*
- *im Rollenspiel unterschiedliche Handlungsoptionen durchspielen und die möglichen Empfindungen des Kindes benennen*
- *einen Elternabend zu dem Thema „Entwicklung und Sexualität des Kindes" gestalten*

Situation 15 – RAUMNOT

Die Kindertagesstätte *Villa Kunterbunt* ist mit 5 Gruppen in einem Altbau untergebracht. Mittlerweile platzt die Einrichtung aus allen Nähten – es gibt einfach zu wenig Räume. Der Bewegungsraum wird von allen Gruppen genutzt. Damit es gerecht zugeht, wird täglich gewechselt. Das heißt aber auch, dass es keine freien Zeiten zur Nutzung des Bewegungsraums gibt – außer am Nachmittag. Aber auch dann muss sich das pädagogische Personal gut absprechen.

Sinan ist der Gruppenleiter der *Grünen Gruppe,* Linda ist die Gruppenleiterin der *Blauen Gruppe*. Eines Morgens kommt Sinan zu Linda: „Du Linda, ich hab ein Problem: Unsere Kinder haben gerade ein großes Bewegungsbedürfnis. Wir versuchen schon, dem so oft wie möglich nachzukommen. Es sind immer ein paar Kinder draußen. Aber es reicht einfach nicht. Könnten wir zu unserem regulären Tag im Bewegungsraum noch in den nächsten 4 Wochen 3 Stunden von eurer Hallenzeit dazubekommen? Das würde uns sehr entlasten und wir könnten uns mal wieder den zurückhaltenderen Kindern zuwenden; wenigstens in dieser Zeit. Bei euch ist gerade nicht so viel los, oder? Die anderen Teams habe ich schon gefragt. Aber in diesem unkollegialen Laden hier kommt einem ja keiner entgegen."

Linda denkt nach. Die Kinder ihrer Gruppe lieben den Tag im Bewegungsraum und freuen sich schon im Vorfeld darauf. Würde sie auf Sinans Bitte eingehen, würde dies bedeuten, dass die Kinder ihrer Gruppe an ihrem Hallentag nur 2 Stunden zur Verfügung hätten. Es stimmt allerdings, dass es momentan in ihrer Gruppe ruhiger ist.

1. Beschreiben Sie die Zwickmühlensituation, die hier für Linda vorliegt.
2. Analysieren Sie die Situation, indem Sie versuchen, die unterschiedlichen Perspektiven/Interessen der beteiligten Personen nachzuempfinden.
3. Beschreiben und begründen Sie, wie Sie selbst zu dieser Situation stehen.
4. Zeigen Sie mindestens 2 mögliche Handlungsoptionen für Linda und die daraus resultierenden Konsequenzen für alle beteiligten Personen auf.
5. Verknüpfen Sie die Situation mit Ihrem wissenschaftlichen Theoriewissen oder recherchieren hierzu. Notieren Sie die entsprechenden Quellen.
6. Wählen Sie eine pädagogische Handlungsoption und begründen Sie diese fachlich.
7. Fassen Sie Ihre Erkenntnisse zusammen und formulieren Sie noch offene Fragen.

1. Beschreiben Sie die Zwickmühlensituation, die hier für Linda vorliegt.

Die Zwickmühlensituation für Linda besteht zum einen darin, dass sie ihrem Kollegen entgegenkommen möchte, zum anderen nimmt sie damit aber den Kindern ihrer Gruppe ggf. Zeit im Bewegungsraum.

2. Analysieren Sie die Situation, indem Sie versuchen, die unterschiedlichen Perspektiven/Interessen der beteiligten Personen nachzuempfinden.

Sinan: *Viele Kinder in Sinans Gruppe möchten sich momentan mehr bewegen. Er sieht sich in der Verantwortung, den Kindern Bewegungsmöglichkeiten zu verschaffen. Dies tut er, um mehr Ruhe in die Gruppe zu bringen, aber auch, um sich den zurückhaltenden Kindern zu widmen, die gerade weniger Aufmerksamkeit erhalten.*

Er versucht nun, eine Lösung zu finden, indem er die Zeiten der Grünen Gruppe *im Bewegungsraum erweitern möchte. Linda ist die letzte Gruppenleitung, die er fragt. Von allen anderen hat er eine Absage erhalten und wirft den Kollegen unkollegiales Verhalten vor. Er erhofft sich, dass Linda die Situation in seiner Gruppe besser nachvollziehen kann als die anderen Kollegen und in den nächsten 4 Wochen mit den 3 Stunden weniger im Bewegungsraum einverstanden ist.*

Linda: *Linda weiß, dass die Kinder die Zeit im Bewegungsraum lieben, sich im Vorfeld darauf freuen und möchte ihnen den Aufenthalt dort ermöglichen. Wahrscheinlich versteht sie, dass Sinan den größeren Bedarf hat, denn in ihrer Gruppe ist es momentan viel ruhiger als in seiner. Vielleicht fühlt sie sich zusätzlich unter Druck gesetzt, weil die anderen Kollegen bereits abgesagt haben.*

***Die Kinder der* Grünen Gruppe:** *Das Bewegungsbedürfnis einiger Kindern scheint gerade sehr groß zu sein. Dadurch entsteht Unruhe im Gruppenraum. Die pädagogischen Mitarbeiter versuchen unterschiedliche Möglichkeiten zu nutzen, damit die Kinder sich auspowern können, doch anscheinend reicht es nicht aus. Die zurückhaltenden Kinder geraten ins Hintertreffen, weil die anderen mehr Aufmerksamkeit brauchen.*

Wenn die Kinder zusätzlich den Bewegungsraum nutzen könnten, würde Entlastung geschaffen.

***Die Kinder der* Blauen Gruppe:** *Die Kinder lieben den Bewegungsraum und freuen sich lange vorher darauf, diesen nutzen zu können. In der Gruppe scheint es momentan eine ruhige und ausgeglichene Atmosphäre zu geben. Für sie stünde der Bewegungsraum nur noch 2 Stunden zur Verfügung, wenn Linda auf Sinans Bitte eingeht.*

3. Beschreiben und begründen Sie, wie Sie selbst zu dieser Situation stehen.

Die Schüler/-innen beschreiben ihre eigene Einstellung, z. B.:

- *dass Kollegen sich untereinander helfen sollten, weil…*
- *dass Sinan sein Problem zu Lindas Problem macht, weil…*
- *dass zusätzliche Stunden im Bewegungsraum nicht die Lösung sind, weil…*
- *dass Sinan sein pädagogisches Konzept überdenken sollte, weil…*
- *dass Sinans Bitte unangemessen ist, weil…*
- *dass Linda im Sinne „ihrer" Kinder handeln sollte, weil…*
- *dass das Problem im Gesamtteam besprochen werden sollte, weil…*
- *(…)*

4. Zeigen Sie mindestens 2 mögliche Handlungsoptionen für Linda und die daraus resultierenden Konsequenzen für alle beteiligten Personen auf.

Handlungsmöglichkeit 1:

Linda erklärt sich mit Sinans Bitte einverstanden und überlässt den Kindern der Grünen Gruppe *die Halle für 3 zusätzliche Stunden in der Woche.*

Die Konsequenz wäre, dass „ihre" Kinder sicherlich enttäuscht sein werden, weniger Zeit im Bewegungsraum zur Verfügung zu haben. Es bleibt abzuwarten, wie sich diese Konsequenz auf das Verhalten der Kinder auswirkt. Möglicherweise wird auch ihrem Bewegungsdrang nicht entsprochen. Andererseits lernen sie aber auch die eigenen Bedürfnisse ein wenig nach hinten zu stellen, weil der Bedarf an anderer Stelle gerade größer ist und hier sozial gehandelt wird.

Linda muss die Zeit, die nicht im Bewegungsraum verbracht wird, anders planen.
Vielleicht freut sie sich, einen Kollegen unterstützen zu können, vielleicht fühlt sie sich aber auch unter Druck gesetzt, weil sie die Letzte ist, die er fragt und er bereits ungehalten ist.

Die Kinder der Grünen Gruppe *können ihren Bewegungsdrang ausleben. Ob sich dadurch die Problematik in der Gruppe verändern wird, bleibt abzuwarten. Die pädagogischen Mitarbeiter hätten mehr Zeit, sich den anderen Kindern zu widmen.*

Handlungsmöglichkeit 2:

Linda lehnt Sinans Bitte ab und stellt ihre Zeit nicht zur Verfügung. Er erhält somit eine weitere Absage. Wahrscheinlich ist Sinan enttäuscht und frustriert, langfristig gesehen könnte sich dies auf die kollegiale Beziehung der beiden auswirken.

Die Konsequenzen für die Kinder der Grünen Gruppe *wären, dass es keine zusätzliche Zeit im Bewegungsraum zum Auspowern gibt und hier eine andere Lösung durch das pädagogische Personal gefunden werden sollte. Die zurückhaltenden Kinder bekommen weiterhin weniger Aufmerksamkeit.*

Die Konsequenzen für die Kinder der Blauen Gruppe *wären, dass diese ihren Tag im Bewegungsraum weiter in vollem Umfang zur Verfügung haben und sich darauf freuen können.*

Handlungsmöglichkeit 3:

Linda beruft eine Kinderkonferenz in der Blauen Gruppe ein und befragt die Kinder zu einer Entscheidung. Damit werden die Kinder nicht vor vollendete Tatsachen gestellt, sondern können aktiv mitentscheiden und demokratische Prozesse sowie soziales Verhalten erleben.
Die Voraussetzung wäre, dass die Entscheidung der Kinder von allen beteiligten Personen akzeptiert und getragen wird.

Weitere Handlungsmöglichkeiten:

Linda und Sinan finden Kompromisse (z. B. über die Aufenthaltsdauer im Bewegungsraum), das Problem wird im Gesamtteam besprochen oder die Kinder der Grünen Gruppe*, die einen starken Bewegungsdrang haben, dürfen mit in den Bewegungsraum, wenn andere Gruppen sich darin aufhalten etc.*

5. Verknüpfen Sie die Situation mit Ihrem wissenschaftlichen Theoriewissen oder recherchieren hierzu. Notieren Sie die entsprechenden Quellen.

Mögliche theoretische Anbindung:

- *Raumnot/Raumkonzepte*
- *Konflikte im Team*
- *Partizipation von Kindern*
- *Bedürfnisse von Kindern*

6. Wählen Sie eine pädagogische Handlungsoption und begründen Sie diese fachlich.

Die Schüler/-innen beschreiben die gewählte pädagogische Handlungsweise und begründen diese aufgrund ihrer möglichen theoretischen Anbindung. Eventuell nehmen sie Abstand von ihrer eigenen Einstellung zur Situation, da das professionelle Handeln in den Vordergrund gestellt wird.

Name: | Klasse: | Datum: | 3 von 4

7. Fassen Sie Ihre Erkenntnisse zusammen und formulieren Sie noch offene Fragen.

Mögliche Erkenntnisse:

- *Ein Problem in der Gruppe ist nicht unbedingt ein individuelles Problem.*
- *Die Bedürfnisse der Kinder stehen im Vordergrund, hier: das Bewegungsbedürfnis.*
- *Der Bewegungsraumplan sollte überdacht werden.*
- *Kinder können Entscheidungen demokratisch treffen und Empathie zeigen.*

Mögliche Fragen:

- *Welche Lösungsmöglichkeiten stehen für Sinan zur Verfügung, wenn die* Blaue Gruppe *die Anfrage negativ beantwortet?*
- *Wie entscheiden die Kinder in der Kinderkonferenz?*

Anregungen für die weitere Planung/Gestaltung des Unterrichts:

- *einen bewegungsorientierten Gruppenraum konzipieren*
- *das Konzept des Bewegungsraums in der* Villa Kunterbunt *neu konzipieren*
- *Rollenspiel: Sinan und Linda*
- *Theorieanbindung: Kinderkonferenz*
- *Bewegungsspiele auf kleinem Raum erarbeiten*

Name: | Klasse: | Datum: | 4 von 4

Situation 16 – DAS SCHOKOBROT

Das Team des Kindergartens *Spielwiese* hat sich dazu entschlossen, dem Thema „versteckter Zucker in Nahrungsmitteln" mehr Beachtung zu schenken und mit den Kindern das Projekt *Zuckersüß* durchzuführen. Die Eltern sind mithilfe eines Elternbriefs darüber informiert und gebeten worden, den Kindern keine Süßigkeiten in den Kindergarten mitzugeben.

Ben ist Erzieher bei den *Grashüpfern*. Er wird von Ina, der Mutter der 4;2-jährigen Lisa, angesprochen: „Sag mal, Ben, euer Projekt da ist ja wirklich schön und ich freue mich darüber, dass ihr euch mit verstecktem Zucker beschäftigen werdet. Aber Lisa werde ich nicht dazu bringen können, auf ihr Brot mit Schokocreme zu verzichten. Sie isst morgens nun mal nichts anderes und ich möchte, dass sie hier etwas frühstückt."

„Kann ich verstehen", sagt Ben, „aber genau darum geht es ja: Die Kinder sollen Alternativen finden. Wenn du das Ziel des Projekts bei Lisa gleich zu Anfang umgehst, dann haben wir natürlich keine Chance, sie und die anderen Kinder zu sensibilisieren."

„Das hat nichts mit umgehen zu tun, Ben, sie isst einfach nichts anderes. Tolles Projekt, wirklich. Aber ich habe keine Lust, mich morgens mit meiner Tochter zu streiten oder sie quengelig und hungrig aus der Kita abzuholen."

1. Beschreiben Sie die Zwickmühlensituation, die hier für Ben vorliegt.
2. Analysieren Sie die Situation, indem Sie versuchen, die unterschiedlichen Perspektiven/Interessen der beteiligten Personen nachzuempfinden.
3. Beschreiben und begründen Sie, wie Sie selbst zu dieser Situation stehen.
4. Zeigen Sie mindestens 2 mögliche Handlungsoptionen für Ben und die daraus resultierenden Konsequenzen für alle beteiligten Personen auf.
5. Verknüpfen Sie die Situation mit Ihrem wissenschaftlichen Theoriewissen oder recherchieren hierzu. Notieren Sie die entsprechenden Quellen.
6. Wählen Sie eine pädagogische Handlungsoption und begründen Sie diese fachlich.
7. Fassen Sie Ihre Erkenntnisse zusammen und formulieren Sie noch offene Fragen.

1. Beschreiben Sie die Zwickmühlensituation, die hier für Ben vorliegt.

Die Zwickmühle für Ben besteht darin, dass er entscheiden muss, ob Lisa ihr Schokobrot trotz des Projekts am Morgen essen darf bzw. ob er sich auf einen Konflikt mit der Mutter einlassen will.

2. Analysieren Sie die Situation, indem Sie versuchen, die unterschiedlichen Perspektiven/Interessen der beteiligten Personen nachzuempfinden.

Ben: *Im Team wurde der Entschluss zu dem Projekt gefasst. Somit trägt Ben die Projektidee mit, hat sich darauf vorbereitet und möchte, dass die Kinder für versteckten Zucker in Nahrungsmitteln sensibilisiert werden. Die Eltern wurden durch einen Elternbrief informiert. Anscheinend war dem Team nicht klar, dass sich Probleme durch das Projekt ergeben könnten, mit denen Ben nun umgehen muss.*

Mutter Ina möchte, dass Ben eine Ausnahme macht und Lisa das Schokobrot mitnehmen darf. Bens Sorge hierbei ist, dass Lisa und die anderen Kinder dadurch die Glaubwürdigkeit des Projekts infrage stellen könnten und es damit sein Ziel verfehlt. Dennoch versteht er Inas Wunsch und steht nun vor der Entscheidung, die Bitte der Mutter abzulehnen oder dieser nachzukommen.

Ina (Mutter von Lisa): *Ina ist durch einen Elternbrief über das Projekt informiert worden und findet dieses gut. Allerdings ist sie dadurch vor vollendete Tatsachen gestellt worden und soll die Idee/das Ziel mittragen, ohne sich dazu im Vorfeld geäußert haben zu können. Sie möchte dem wahrscheinlichen Konflikt mit ihrer Tochter aus dem Weg gehen und ihr das gewünschte Schokobrot am Morgen weiterhin ermöglichen.*

Sie hat Sorge, dass Lisa nichts essen würde, wenn sie ihr ein anderes Frühstück mit in die Kita gibt und sucht deshalb das Gespräch mit Ben. Anscheinend möchte sie sich nicht auf das Experiment einlassen und vertraut nicht darauf, dass Lisa eine Alternative zu ihrem Schokobrot finden könnte.

Lisa: *Lisa ist es gewohnt, am Morgen ein Schokobrot zu essen und laut Aussage der Mutter verweigert sie Alternativen. Wie Lisa dazu steht, dass sie ihr gewohntes Brot nicht mehr in den Kindergarten mitnehmen kann, ist nicht bekannt.*

Die anderen Kinder: *Würden die anderen Kinder sehen, dass Lisa das Schokobrot am Frühstückstisch essen darf, würden sie wahrscheinlich Fragen stellen und wissen wollen, warum bei ihr eine Ausnahme gemacht wird.*

3. Beschreiben und begründen Sie, wie Sie selbst zu dieser Situation stehen.

Die Schüler/-innen beschreiben ihre eigene Einstellung, z. B.:

- *dass Ausnahmen gemacht werden können, ohne dass ein ganzes Projekt hinterfragt werden muss, weil…*
- *dass keine Ausnahmen gemacht werden sollten, weil…*
- *dass Schokocreme ein besonderes Lebensmittel ist, weil…*
- *dass Schokocreme generell ein Lebensmittel ist, das sowohl gesundheits-, als auch umweltschädlich ist, weil…*
- *dass die Mutter sich auf den Konflikt mit ihrer Tochter einlassen sollte, weil…*
- *dass Lisa auch Alternativen zu ihrem Schokobrot kennenlernen sollte, weil…*
- *dass Lisa zunächst die neue Situation zugetraut werden kann, weil…*
- *dass Ben auf die Bedenken der Mutter nicht eingehen sollte, weil…*
- *dass ein Projekt zum Thema „versteckter Zucker" zu anspruchsvoll ist, weil…*
- *(…)*

4. Zeigen Sie mindestens 2 mögliche Handlungsoptionen für Ben und die daraus resultierenden Konsequenzen für alle beteiligten Personen auf.

Handlungsmöglichkeit 1:

Ben besteht darauf, dass die Mutter Lisa kein Schokobrot in die Kita mitgibt. Die Mutter wird sich entweder daran halten oder auch nicht. Dadurch könnte eine angespannte Beziehung zwischen Ben und Ina entstehen, die möglicherweise zu weiteren Konflikten führt.

Lisa könnte diese Entscheidung mittragen oder auch nicht. Wenn nicht, verhält sie sich eventuell so, wie die Mutter es angekündigt hat: Sie wird quengelig, hat Streit mit ihrer Mutter, bleibt in der Kita hungrig. Eventuell zeigt sie die gleichen Verhaltensweisen auch im Umgang mit den Erziehern.

Trägt Lisa die Entscheidung mit, verändert sie vielleicht ihr Essverhalten langfristig.

Handlungsmöglichkeit 2:

Ben gibt dem Wunsch der Mutter nach und Lisa kann weiterhin ihr Schokobrot in der Kita essen.

Lisa und ihre Mutter Ina wären dadurch zufrieden, doch das Projekt könnte von den Kindern infrage gestellt werden. Ebenso könnte die Glaubwürdigkeit des Projekts von den anderen Eltern und dem Team angezweifelt werden.

Handlungsmöglichkeit 3:

Ben hätte die Möglichkeit, mit allen Kindern zu besprechen, wie mit Schokobroten umgegangen werden sollte (ja/nein/zeitweise). Wenn die Kinder in die Prozesse einbezogen werden, ist die Wahrscheinlichkeit groß, dass alle die Entscheidungen mittragen und sich dadurch das Projekt erfolgreich gestalten lässt.

Eventuell würde sich Lisa in einem Einzelgespräch auf Kompromisse einlassen.

Die Auswirkungen auf Lisa/die Sensibilisierung der Kinder für das Thema sind hier nicht vollständig zu erfassen. Es bleiben weitere Möglichkeiten offen, die durchgespielt werden können.

5. Verknüpfen Sie die Situation mit Ihrem wissenschaftlichen Theoriewissen oder recherchieren hierzu. Notieren Sie die entsprechenden Quellen.

Mögliche theoretische Anbindung:

- *gesunde Ernährung*
- *Projektarbeit*
- *Erziehungs- und Bildungspartnerschaft*
- *Kommunikation*
- *Partizipation*

6. Wählen Sie eine pädagogische Handlungsoption und begründen Sie diese fachlich.

Die Schüler/-innen beschreiben die gewählte pädagogische Handlungsweise und begründen diese aufgrund ihrer möglichen theoretischen Anbindung. Eventuell nehmen sie Abstand von ihrer eigenen Einstellung zur Situation, da das professionelle Handeln in den Vordergrund gestellt wird.

7. Fassen Sie Ihre Erkenntnisse zusammen und formulieren Sie noch offene Fragen.

Mögliche Erkenntnisse:

- *Schokocreme ist ein heikles Nahrungsmittel, das häufig für Diskussionen sorgt.*
- *Das Thema „Ernährung" kann ein sensibles Thema werden, weil es sehr persönliche Anteile enthält.*

Mögliche Fragen:

- *Inwieweit darf ein Team bestimmen, was Eltern ihren Kindern zu essen mitgeben?*
- *Wie kann ich Eltern für ein Thema gewinnen und begeistern?*
- *Welche Handlungsmöglichkeiten gibt es, wenn sich Eltern gegen Projekte entscheiden?*
- *Wie würde ich das Gespräch mit Lisa führen?*

Anregungen für die weitere Planung/Gestaltung des Unterrichts:

- *Rollenspiel: Ben/Ina/Lisa*
- *Projekt* Zuckersüß *planen und ausarbeiten/durchführen*
- *„gesunde Ernährung" als Thema vertiefen*
- *einen Elternabend zum Thema erstellen*
- *Schokocreme als Lebensmittel erforschen*

Name: | Klasse: | Datum: | 4 von 4

Situation 17 – DIE SERIE

Max ist 5;9 Jahre alt. Dem Team seiner Kita-Gruppe fiel in letzter Zeit auf, dass er häufig im Freispiel mit anderen Kindern in Konflikt gerät und diese angreift. Erzieherin Mona beobachtete das Spiel genauer und konnte feststellen, dass Max eine Internetserie nachspielt, die erst für Zuschauer ab 18 Jahren freigegeben ist. Max bestätigt, die Serie gesehen zu haben, ebenso wie andere Streams, die für sein Alter noch nicht geeignet sind. Er dürfe diese mit seinem älteren Bruder (17 Jahre) zusammen ansehen. Das Team ist erschrocken darüber, denn die angegebenen Serien enthalten viele brutale Gewalt- und z.T. auch Sexszenen. Mona sprach Max' Eltern darauf an, doch diese gaben an, davon nichts zu wissen.

Erst gestern kam es wieder zu einem Übergriff. Max drückte Hannes (3;4 Jahre) fest auf den Boden. Dabei schrie er Hannes an: „Gleich bist du tot, tot, tot! Und hier ist ganz viel Blut. Das kommt aus deinem Kopf und deinen Augen." Max zog eine imaginäre Pistole und schoss immer wieder auf Hannes: „Du musst jetzt schreien!" Hannes blieb wie erstarrt liegen. Dann tat Max so, als würde er ihn mehrfach in den Rücken treten. Anschließend rannte er schreiend über den Spielplatz und „schoss" um sich. Einige Kinder zogen sich erschrocken zurück, andere waren fasziniert und wollten unbedingt zusammen mit Max spielen. Er sagte den Kindern, wen sie wie umbringen sollten. Hannes suchte verstört die Nähe der Mitarbeitenden.

Mona, die das Ganze beobachtete, nahm Max zur Seite und erklärte ihm, dass sein Verhalten anderen Kindern Angst mache und er nicht so aggressiv sein dürfe. Max versprach, sich anders zu verhalten, doch heute ereigneten sich auf dem Spielplatz wieder ähnliche Szenen.

Mona versteht, dass Max das Gesehene verarbeiten muss und deshalb die Szenen nachspielt. Andererseits hat sie Sorge um die anderen Kinder. Sie überlegt, ob „Auszeiten" für ihn angebracht wären (z.B. mit einem anderen Mitarbeitenden allein im Gruppenraum bleiben, während die anderen Kinder draußen spielen).

1. Beschreiben Sie die Zwickmühlensituation, die hier für Mona vorliegt.
2. Analysieren Sie die Situation, indem Sie versuchen, die unterschiedlichen Perspektiven/Interessen der beteiligten Personen nachzuempfinden.
3. Beschreiben und begründen Sie, wie Sie selbst zu dieser Situation stehen.
4. Zeigen Sie mindestens 2 mögliche Handlungsoptionen für Mona und die daraus resultierenden Konsequenzen für alle beteiligten Personen auf.
5. Verknüpfen Sie die Situation mit Ihrem wissenschaftlichen Theoriewissen oder recherchieren hierzu. Notieren Sie die entsprechenden Quellen.
6. Wählen Sie eine pädagogische Handlungsoption und begründen Sie diese fachlich.
7. Fassen Sie Ihre Erkenntnisse zusammen und formulieren Sie noch offene Fragen.

1. Beschreiben Sie die Zwickmühlensituation, die hier für Mona vorliegt.

Mona muss entscheiden, wie mit der Situation umgegangen wird. Soll sie im Sinne von Max handeln und ihn gewähren lassen oder im Sinne der anderen Kinder, die eventuell verstört sind durch Max' Verhalten?

2. Analysieren Sie die Situation, indem Sie versuchen, die unterschiedlichen Perspektiven/Interessen der beteiligten Personen nachzuempfinden.

Max: *Max verarbeitet das, was er im Internet gesehen hat. Kinder drücken häufig im Spiel aus, was sie beschäftigt. Da die Gewaltszenen für Max nicht geeignet sind, ihn diese aber anscheinend faszinieren, spielt er sie nach und gelangt dabei in eine machtvolle und aggressive Rolle, die einigen Kindern Angst macht, anderen aber auch imponiert. Max bekommt dadurch viel Aufmerksamkeit.*

Mona: *Mona versteht, warum Max das Gesehene nachspielt, allerdings ist es ihre Aufgabe, Max und auch die anderen Kinder zu schützen. Ein Gespräch mit Max' Eltern blieb erfolglos. Es muss nun eine Lösung gefunden werden. Max das Spiel zu verbieten, würde ihm nicht helfen. Auf der anderen Seite darf sie ihm zum Schutz der anderen Kinder das Spiel so nicht weiter erlauben.*

Die anderen Kinder/Hannes: *Einige Kinder sind fasziniert von dem Spiel, das Max spielt und wollen sich ihm anschließen. Andere Kinder reagieren ängstlich und ziehen sich zurück. Alle Kinder werden mit brutalen Fantasien konfrontiert, z. T. in Opferrollen. Sie erleben im Spiel ausführliche Tötungsdelikte. Hannes ist verstört von dem, was er mit Max erlebt hat. Auch er muss dies verarbeiten.*

Die Eltern von Max/sein älterer Bruder: *Die Eltern kommen der Aufsichtspflicht nicht nach und scheinen sich nicht dafür zu interessieren, was sich ihre Kinder im Internet ansehen. Sowohl Max als auch sein älterer Bruder dürfen nach dem Gesetz noch keine Inhalte ab 18 Jahren konsumieren.*

Die Eltern bestreiten, dass sich die Kinder entsprechende Gewaltfilme anschauen.

Name: | Klasse: | Datum: | 1 von 4

3. Beschreiben und begründen Sie, wie Sie selbst zu dieser Situation stehen.

Die Schüler/-innen beschreiben ihre eigene Einstellung, z. B.:

- *dass Max' Spiel verboten werden muss, weil…*
- *dass Max weiterspielen darf, weil…*
- *dass sie sich mit dieser Situation überfordert fühlen, weil…*
- *dass eindringlicher mit den Eltern gesprochen werden müsste, weil…*
- *(…)*

4. Zeigen Sie mindestens 2 mögliche Handlungsoptionen für Mona und die daraus resultierenden Konsequenzen für alle beteiligten Personen auf.

Handlungsmöglichkeit 1:

Mona untersagt Max das Nachspielen gewalttätiger Filminhalte. Sie droht ihm an, dass er „Auszeiten" bekommt, wenn er sich weiter entsprechend verhält. Eventuell wird Max kurzzeitig seinen Spieltrieb unterdrücken können, doch wahrscheinlicher ist, dass er diesem heimlich nachkommt und dann nicht mehr zu kontrollieren ist. Auch „Auszeiten" würden zu keiner langfristigen Lösung führen. Max wird für ein Verhalten bestraft, das seine Eltern durch ihre Nachlässigkeit verursacht haben. Alle Maßnahmen, die sein Verhalten unterdrücken würden, hätten wahrscheinlich langfristige Nachteile.

Handlungsmöglichkeit 2:

Mona lässt Max weiterspielen. Zwar kann Max dann seinem Spieltrieb nachkommen, aber die anderen Kinder könnten verstört darauf reagieren. Es ist wahrscheinlich, dass irgendwann die Eltern der anderen Kinder fragen würden, was eigentlich in der Gruppe gespielt wird, da die Kinder zu Hause davon berichten.

Weitere Handlungsmöglichkeiten:

Das gesamte Team sollte über die Beobachtungen bezüglich Max und das Verhalten seiner Eltern in Kenntnis gesetzt werden. Es ist wichtig, dass das Team sich einig ist im Umgang mit der Problematik.

Das Team könnte professionelle Beratung einholen. Auch sollten sie Max' Eltern wiederholt darüber in Kenntnis setzen, wenn Max gewalttätige Inhalte spielt und ihre Sorge um Max und die anderen Kinder deutlich machen.

Mit Max sollte immer wieder besprochen werden: Was hast du gesehen? Was macht das mit dir? Was macht dein Spiel mit den anderen Kindern? Wenn Max sich austoben will, so sollte es feste Regeln für alle beteiligten Kinder geben, die mit ihnen zusammen erarbeitet wurden, z. B.: Wie kann ein Kind dem anderen signalisieren, dass es genug hat? Was ist mit Gewaltausdrücken, welche Kämpfe sind erlaubt und gewollt zwischen uns? …

5. Verknüpfen Sie die Situation mit Ihrem wissenschaftlichen Theoriewissen oder recherchieren hierzu. Notieren Sie die entsprechenden Quellen.

Mögliche theoretische Anbindung:

- *Freiwillige Selbstkontrolle der Filmwirtschaft (FSK)*
- *Medienerziehung*
- *Erziehungs- und Bildungspartnerschaft*
- *Kindeswohl*
- *auffälliges Verhalten*

6. Wählen Sie eine pädagogische Handlungsoption und begründen Sie diese fachlich.

Die Schüler/-innen beschreiben die gewählte pädagogische Handlungsweise und begründen diese aufgrund ihrer möglichen theoretischen Anbindung. Eventuell nehmen sie Abstand von ihrer eigenen Einstellung zur Situation, da das professionelle Handeln in den Vordergrund gestellt wird.

Name: Klasse: Datum: 3 von 4

7. Fassen Sie Ihre Erkenntnisse zusammen und formulieren Sie noch offene Fragen.

Mögliche Erkenntnisse:

- *Verbote führen nicht unbedingt zu einer langfristigen Lösung.*
- *Kinder können mit Medieninhalten überfordert sein.*
- *Eltern sollten über die Auswirkungen von Medienkonsum unterrichtet werden, z. B. in Form eines Elternabends.*
- *Auffälliges Verhalten gilt es zu hinterfragen: Welche Gründe könnten dahinterstecken?*

Mögliche Fragen:

- *Wie handle ich, wenn dieses Spiel nicht nur von einem Kind, sondern von viel mehr Kindern gespielt wird?*
- *Wie kann ich handeln, wenn Eltern sich nicht überzeugen und ihre Kinder weiter entsprechende Inhalte ansehen lassen?*
- *Wie kann ich handeln, wenn ein Kind von diesem Spiel nicht ablässt?*
- *Wie kann ich Kinder schützen, die immer wieder als Opfer ausgesucht werden?*

Anregungen für die weitere Planung/Gestaltung des Unterrichts:

- *Analyse einer Serie mit Gewaltinhalten*
- *Elternabend zum Thema „Medienkonsum" planen und im Rollenspiel durchführen*
- *Einladen von Fachleuten zum Thema „Kinder und Medien"*
- *Rollenspiel: Max/Mona*
- *Interview führen mit Erziehern/Schulleitungen bezüglich „Gewalt auf dem Spielplatz/Schulhof"*
- *Umfrage mit Eltern von Kindergartenkindern bezüglich des Medienkonsums bzw. der Medieninhalte ihrer Kinder*

Situation 18 – DER FALSCHE SCHNEEMANN

Praktikantin Jette ist in der 2. Woche in der Einrichtung. Sie hat von ihrer Mentorin Michaela die Aufgabe bekommen, am Nachmittag mit den Kindern Weihnachtsdekoration für die Fenster zu basteln, während die übrigen Mitarbeitenden im Besprechungsraum sitzen. Als die Kinder abgeholt sind, kehrt Michaela zurück und sieht die fertigen Sterne und Schneemänner. Sie ist erstaunt: „Hast du denn die Schablonen nicht gefunden?" „Welche Schablonen?", fragt Jette. „Die liegen da im Schrank.", sagt Michaela. Sie betrachtet die Figuren von allen Seiten. Der Schneemann, den sie in der Hand hält, hat einen winzigen Kopf auf einem riesigen Körper. Die Rübennase sitzt mitten auf dem Bauch, weil auf dem Kopf kein Platz mehr war.

„Das kann man nicht aufhängen. Das sieht nicht schön aus und gerade hier am Fenster wird es jeder sehen." Michaela betrachtet einen Stern, der eher wie eine Kugel aussieht. „Wir könnten sie wenigstens teilweise retten, indem wir nachschneiden", überlegt sie. „Oder wir suchen nur die Schönsten raus und hängen die auf. Sind ja auch einige dabei, die was geworden sind."

Jette denkt an den kleinen Luca, der den gesamten Nachmittag über an seinem Schneemann mit dem winzigen Kopf gebastelt und zum Schluss das Werk stolz seiner Mutter präsentiert hat. Am liebsten hätte er ihn mit nach Hause genommen. Als Jette ihn aber bat, den Schneemann zunächst hier im Kindergarten aufhängen zu dürfen, willigte er ein.

Während Michaela die Figuren bewertet und der „falsche" Schneemann auf dem aussortierten Haufen landet, fragt sie Jette: „Was ist eigentlich mit deinem ersten Hospitationsbesuch? Hattest du nicht gesagt, dass du vielleicht basteln willst? Eigentlich machen wir ja nicht so viel mit Schablonen, aber dann solltest du welche nehmen, damit die Endprodukte wenigstens schön aussehen." Jette ist still und merkt, dass sie sich unwohl fühlt. In einem vorherigen Praktikum unterstrich ihre Anleiterin immer wieder: „Die Fantasie der Kinder ist unser Wegweiser."

1. Beschreiben Sie die Zwickmühlensituation, die hier für Jette vorliegt.
2. Analysieren Sie die Situation, indem Sie versuchen, die unterschiedlichen Perspektiven/Interessen der beteiligten Personen nachzuempfinden.
3. Beschreiben und begründen Sie, wie Sie selbst zu dieser Situation stehen.
4. Zeigen Sie mindestens 2 mögliche Handlungsoptionen für Jette und die daraus resultierenden Konsequenzen für alle beteiligten Personen auf.
5. Verknüpfen Sie die Situation mit Ihrem wissenschaftlichen Theoriewissen oder recherchieren hierzu. Notieren Sie die entsprechenden Quellen.
6. Wählen Sie eine pädagogische Handlungsoption und begründen Sie diese fachlich.
7. Fassen Sie Ihre Erkenntnisse zusammen und formulieren Sie noch offene Fragen.

1. Beschreiben Sie die Zwickmühlensituation, die hier für Jette vorliegt.

Jette wird mit unterschiedlichen Vorstellungen über ästhetische Bildung konfrontiert. Sie wird eine Entscheidung treffen müssen, wenn es um ihren Hospitationsbesuch geht und ob die Kinder hierbei Schablonen verwenden sollen.

2. Analysieren Sie die Situation, indem Sie versuchen, die unterschiedlichen Perspektiven/Interessen der beteiligten Personen nachzuempfinden.

Jette: *Jette hat zunächst so gehandelt, wie sie es im vorherigen Praktikum gelernt hat: Die Kinder haben die Sterne und Schneemänner so aufgezeichnet, wie sie ihrer Fantasie entsprachen. Dass dabei ein runder Stern und ein eigenwilliger Schneemann entstanden sind, fand sie vollkommen in Ordnung und freute sich über Luca, der den ganzen Nachmittag bei der Sache war und sich stolz über sein Ergebnis zeigte. Sie ahnt, dass diese Vorgehensweise eher die Bedürfnisse der Kinder in den Blick nimmt.*

Nun wird sie mit einer anderen Vorstellung von ästhetischer Bildung durch Michaela konfrontiert. Das macht sie unsicher, auch in Bezug auf ihren bevorstehenden Hospitationsbesuch. Michaela rät ihr, dass die Kinder Schablonen nutzen sollen.

Michaela: *Die Mentorin ist darauf bedacht, dass die Bastelergebnisse der Kinder nach ihren Vorstellungen „schön" auszusehen haben. Damit ist ihre Idee gemeint, dass Figuren realistisch sind und in der Ausführung korrekt. Zur Not würde sie auch nachschneiden oder Gebasteltes aussortieren, um ihre Vorstellungen durchzusetzen. Sie scheint Wert darauf zu legen, was andere über die „Ausstellungsstücke" denken. Eventuell hat sie Sorge, dass sie/die Kita beim Basteln nicht kompetent genug erscheint.*

Indem sie Jette zur Schablonenarbeit rät, möchte sie der Praktikantin zu einem – aus ihrer Sicht – guten Bastelergebnis verhelfen. Dennoch scheint sie zu wissen, dass Schablonenarbeit nicht zu häufig angewendet werden sollte.

Luca: *Der kleine Luca hat den gesamten Nachmittag damit verbracht, den Schneemann nach seinen Vorstellungen zu basteln. Dabei ist der Kopf so winzig geworden, dass die Rübennase nicht mehr darauf passte. Also hat er sie auf den Bauch geklebt. Somit ist seine Vorstellung von einem Schneemann umgesetzt worden. Er ist stolz auf das Ergebnis und hat es seiner Mutter präsentiert. Gerne hätte er den Schneemann mit nach Hause genommen, willigte aber auf Jettes Bitte hin ein, ihn in der Kita zu lassen. Sollte der Schneemann nicht aufgehängt werden, könnte er traurig/enttäuscht sein. Seine Bastelarbeit wird damit nicht wertgeschätzt.*

3. Beschreiben und begründen Sie, wie Sie selbst zu dieser Situation stehen.

Die Schüler/-innen beschreiben ihre eigene Einstellung, z. B.:

- *dass Jette keine Schablonen benutzen soll, weil…*
- *dass Jette Schablonen benutzen soll, weil…*
- *dass Jette mit der Mentorin ins Gespräch kommen sollte, weil…*
- *dass Endprodukte beim Basteln nicht wichtig sind, weil…*
- *dass man nicht einfach Produkte von Kindern aussortieren darf, weil…*
- *dass man Schablonenarbeit nicht generell als negativ ansehen sollte, weil…*
- *dass die Mentorin ihre Ansicht über ästhetische Bildung überdenken sollte, weil…*
- *(…)*

4. Zeigen Sie mindestens 2 mögliche Handlungsoptionen für Jette und die daraus resultierenden Konsequenzen für alle beteiligten Personen auf.

Handlungsmöglichkeit 1:

Jette entscheidet sich, beim Hospitationsbesuch Schablonen anzuwenden. Die Konsequenzen könnten sein:

- *Die Kreativität der Kinder wird eingeschränkt, dennoch könnten sich viele darüber freuen, mit Schablonen zu arbeiten (die Kinder wissen, dass so das Ergebnis „schön" wird).*
- *Je nach Zielsetzung bei dem Angebot wird Jette begründen müssen, weshalb sie Schablonenarbeit angewendet hat.*
- *Michaela wird sich sicherlich darüber freuen, dass Jette ihren Ratschlag angenommen hat. Dadurch könnte die Beziehung gefestigt werden.*

Handlungsmöglichkeit 2:

Jette entscheidet sich gegen die Schablonenarbeit bei ihrem Hospitationsbesuch. Die Konsequenzen könnten sein:

- *Die Kinder können ihrer Fantasie und Kreativität freien Lauf lassen, die Ergebnisse werden individuell ausfallen und etwas über das Kind aussagen. Das Kind bildet eine eigene Meinung darüber aus, was es als „schön" empfindet.*
- *Je nach Zielsetzung bei dem Angebot wird Jette begründen müssen, weshalb sie so offen gearbeitet hat.*
- *Sie wird vorher Michaela darüber in Kenntnis gesetzt haben müssen. Es bleibt offen, wie Michaela darauf reagiert.*
- *Sie handelt nach ihren eigenen Erfahrungen und Beobachtungen in der ästhetischen Erziehung.*

Name: | Klasse: | Datum: | 2 von 4

5. Verknüpfen Sie die Situation mit Ihrem wissenschaftlichen Theoriewissen oder recherchieren hierzu. Notieren Sie die entsprechenden Quellen.

Mögliche theoretische Anbindung:

- *ästhetische Bildung (Entwicklung bei Kindern, Rolle der Fachkraft, Stellenwert in der Kita etc.)*
- *Bild vom Kind*
- *Kommunikation*
- *Mentoren-/ Praktikantenrolle*
- *Planung eines methodisch-didaktischen Bastelangebots*

6. Wählen Sie eine pädagogische Handlungsoption und begründen Sie diese fachlich.

Die Schüler/-innen beschreiben die gewählte pädagogische Handlungsweise und begründen diese aufgrund ihrer möglichen theoretischen Anbindung. Eventuell nehmen sie Abstand von ihrer eigenen Einstellung zur Situation, da das professionelle Handeln in den Vordergrund gestellt wird.

7. Fassen Sie Ihre Erkenntnisse zusammen und formulieren Sie noch offene Fragen.

Mögliche Erkenntnisse:

- *Schablonenarbeit bringt ein „perfektes" Endprodukt hervor, hat aber nichts mit individueller Kreativität zu tun.*
- *Das „Für und Wider" einer Schablonenarbeit sollte gut durchdacht sein.*
- *Etwas als „schön" zu empfinden ist eine individuelle Wahrnehmung.*
- *„Der Weg ist das Ziel!"*

Mögliche Fragen:

- *Wie stehe ich zur Schablonenarbeit?*
- *Wann ist Schablonenarbeit angebracht und wann nicht?*
- *Kann man bei Schablonenarbeit von ästhetischer Bildung sprechen?*

Anregungen für die weitere Planung/Gestaltung des Unterrichts:

- *Experiment: Die Klasse wird in 2 Gruppen geteilt und beide Gruppen einigen sich auf ein Thema, das kreativ dargestellt werden soll (z. B. Fensterbild „Blume"). Die eine Gruppe arbeitet mit Schablonen, die andere Gruppe ohne. Die Ergebnisse werden einander vorgestellt. Die Prozesse werden reflektiert.*
- *Bildimpuls: Das Buch „Alle Farben des Lebens" von Lisa Aisato*
- *Geschichtenimpuls: „Traurige Geschichte von einem kleinen Jungen" unter URL: https://christlicheraussteiger.wordpress.com/2011/12/31/traurige-geschichte-von-einem-kleinen-jungen/ (Originalquelle: Helen E. Buckley, „One Little Boy". Zitiert in: Raymond und Dorothy Moore: The Successful Homeschool Family Handbook)*
- *Interview mit pädagogischem Fachpersonal in Kindergarten/Grundschule: Wann/warum/wie häufig wird Schablonenarbeit eingesetzt?*
- *Interview mit einem Künstler durchführen*

Name: | Klasse: | Datum: | 4 von 4